You should know these
essential rules

TOEIC® L&R テスト 600点攻略 ルールブック

改訂版

石井洋佑

はじめに

　本書は、現在のスコアが 500 点前後の学習者に、できるだけ早く 600 点を取っていただくことだけを考えて書きました。そのため、余計なものは省きました。TOEIC L&R は受験の気軽さからか、毎回のように受験する学習者がいます。そういった熱心な学習者のために、試験の特徴について驚くほど詳しい情報がインターネット上で発信されたり、雑誌の特集が組まれたり、セミナーが開催されたりしていますし、多くの書籍も刊行されています。それはそれで良いことで、そういった情報から勉強させていただくことも度々です。しかし、600 点を取るのにそういう情報が必要かというと答えは NO です。

　この本では、600 点を取るのに必要なスキルを 100 のルールにまとめてあります。たまにしか出題されないもの、やや難しい・トリッキーだと思われるもの、学習者によっては使いづらいテクニックなどは思い切って省いてあります。上級者や TOEIC が好きで何度も受験している学習者にはベタすぎて面白くない、と感じられるものばかりを誰でも使える形にまとめてあります。

　また 600 点を取るために必要な英語力が確実に身につく教材になっています。試験で使われるテクニックというのは、使いこなすだけの英語力があって発揮されるものです。英語力というと多くの人は文法を思い浮かべるかもしれませんが、より大事なのは出会った語・表現をどんな文脈で使われているかを意識しながらひとつひとつ覚えることです。さらに、文法や語彙的には対応可能でも、音を聞いて理解できなかったり、十分な速さで読めなければスコアにつながらなかったりします。1 回でできなくても構いませんので、本書の英語を何度でも聞き返し、読み返してください。

　雑音に惑わされず、だまされたと思って本書に 1 か月から 3 か月集中して取り組んでみてください。おそらくそれだけで 600 点はクリアできます。試験のための英語の勉強というのは長期間するものではないと思いますので、早く目標点をクリアして、英語学習以外のこと、あるいは試験対策以外の英語学習に時間を割けるようになってほしいと心より願っています。

石井洋佑

PART 1

PHOTOGRAPHS

写真描写問題

PART 2

QUESTION-RESPONSE

応答問題

PART 3

SHORT CONVERSATIONS

会話問題

PART 4

SHORT TALKS

説明文問題

PART 5 | INCOMPLETE SENTENCES

短文穴埋め問題

PART 6 | TEXT COMPLETION

長文穴埋め問題

PART 7 | READING COMPREHENSION

読解問題

MINI MOCK TEST

ミニ模試

本書の構成と使い方

　本書は 30 のユニットで構成されており、TOEIC の全パートの対策が 1 か月で完成します。1 日あたり 15 分程度の学習で、Part 1 から Part 7 までの問題形式や解答の手順を効率的に学習できるようになっています。

例題・解説

　UNIT 1 〜 UNIT 29 では、最初に各パートの典型的な問題を例題として取り上げ、解答のプロセスをイメージできるようになっています。リスニングセクションでは、スクリプト（実際の問題冊子には印刷されていません）を見ながら、解答の手順や考え方を身につけます。また、Part 3、4、7 では、必要な情報を狙った聞き取り・読み取りができるように練習をします。

トラック番号　　　　　　　　　　　**解説**

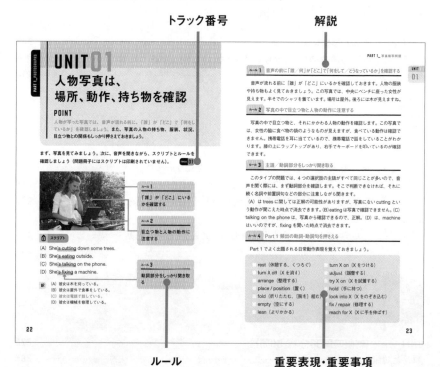

ルール　　　　　　　　　　　**重要表現・重要事項**

練習問題

　各 UNIT の例題で学習した解答の手順を踏まえ、TOEIC 形式の問題に挑戦します。練習問題のすぐ後に、解答・解説や訳などが掲載されています。

ミニ模試

　UNIT 30 は UNIT 1 〜 UNIT 29 の学習内容の総まとめです。より実践的な力をつけるために、通常の 4 分の 1 サイズのミニ模試で力試しをしましょう。本番のテストをイメージし、時間配分を考えながら取り組んでみてください。

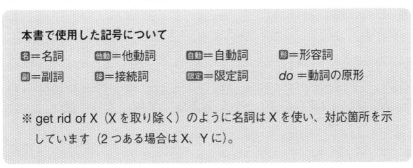

音声ダウンロードについて

　本書に掲載されている英文の音声が無料でダウンロードできますので、下記の手順にてご活用ください。

■パソコンにダウンロードする

①パソコンからインターネットでダウンロード用サイトにアクセスする

　下記の URL を入力してサイトにアクセスしてください。

　https://tofl.jp/books/2458

②音声ファイルをダウンロードする

　サイトの説明に沿って音声ファイル（MP3 形式）をダウンロードしてください。

　※スマートフォンにダウンロードして再生することはできませんのでご注意ください。

■音声を再生する

①音声ファイルをパソコンの再生用ソフトに取り込む

　ダウンロードした音声を iTunes などの再生用ソフトに取り込んでください。

②音声を再生する

　パソコン上で音声を再生する場合は、iTunes などの再生ソフトをお使いください。iPhone などのスマートフォンや携帯用の音楽プレーヤーで再生する場合は、各機器をパソコンに接続し、音声ファイルを転送してください。

　※各機器の使用方法につきましては、各メーカーの説明書をご参照ください。

■音声は 4 カ国の発音で録音

　音声は、アメリカ、カナダ、英国、オーストラリアの 4 カ国の発音で録音されています。スクリプトには、それぞれの音声を表す下記のマークがついていますので、さまざまな音に慣れる練習に役立ててください。

アメリカ 🇺🇸　カナダ 🇨🇦　英国 🇬🇧　オーストラリア 🇦🇺

　TOEIC（Test of English for International Communication）は、米国にある非営利テスト開発機関である Educational Testing Service（ETS）によって開発・制作された世界共通のテストです。聞く・読む力を測る Listening & Reading（L&R）Test と話す・書く力を測る Speaking & Writing（S&W）Test があります。L&R Test の評価は合否ではなく 10 点から 990 点までのスコアで表されます。このスコアは、能力に変化がない限り一定に保たれるように統計処理がなされます。

　現在、TOEIC は世界の約 160 か国で実施され、年間約 700 万人が受験しています。日本の受験者は年間約 250 万人に達し（2018 年度）、さまざまな企業で、自己啓発や英語研修の効果測定、新入社員の英語能力測定、海外出張や駐在の基準、昇進・昇格の要件に使われています。また、学校では、授業の効果測定、プレイスメント、さらには英語課程の単位認定基準、推薦入試基準などに使われることもあります。

　TOEIC の公開テストは 1 月、3 月、4 月、5 月、6 月、7 月、9 月、10 月、11 月、12 月の年 10 回、全国の 80 都市で実施されており、インターネットかコンビニ端末で申し込むことができます。受験地ごとに実施の時期が異なることがありますので、詳しくは下記の公式ページなどでご確認ください。

URL：http://www.iibc-global.org
一般財団法人　国際ビジネスコミュニケーション協会
IIBC 試験運営センター
〒 100-0014　東京都千代田区永田町 2-14-2　山王グランドビル
電話：03-5521-6033（土・日・祝日・年末年始を除く 10:00 ～ 17:00）

TOEIC L&Rの構成

リスニングセクション （約45分間・100問）	PART 1	写真描写問題	6問
	PART 2	応答問題	25問
	PART 3	会話問題	39問（3×13）
	PART 4	説明文問題	30問（3×10）
リーディングセクション （75分間・100問）	PART 5	短文穴埋め問題	30問
	PART 6	長文穴埋め問題	16問（4×4）
	PART 7	読解問題（1つの文書） （複数の文書）	29問 25問

TOEICで600点を目指すにあたって

　600点獲得にはリスニングセクション、リーディングセクションのそれぞれで、65問程度の正解が必要で、初級者にとってはかなり大きな壁に感じるかもしれません。そのためか、TOEICでは出題されないような難しい単語や文法をいたずらに追いかける学習者も少なくありません。そこで、本書では600点を獲得するために必要な英語力やスキルに絞り、効率的な学習ができるような問題を取り上げています。

PART 1

問題数	6問
目標	4〜5問程度
解答時間	1問につき約5秒
問題形式	1枚の写真について、4つの短い英文が一度だけ放送されます。問題冊子には写真のみが印刷されています。(A)〜(D)の4つのうち、写真を最も的確に描写しているものを選び、解答用紙にマークします。
傾向	2016年の新形式変更以前は、Part 1は後半に若干馴染みがない表現を含む難しい問題が何問か出題されることがあったのですが、6問に減ってからは比較的標準的な問題の出題が続いています。
注意点	Part 1では選択肢の英文が問題冊子に印刷されていないため、聞き取った内容を忘れないようにする工夫が必要です。最初に鉛筆の先を解答用紙の(A)の上に置き、(A)が正解ならその場でマークし、不正解なら、鉛筆の先を次の選択肢に移動するという方法で進めましょう。わからない場合は、鉛筆は動かさず、次の選択肢と比較して正しそうな方をマークします。

問題数	25 問
目標	<u>15 ～ 20 問程度</u>
解答時間	1 問につき約 5 秒
問題形式	最初に 1 つの質問または文が読まれ、次にそれに対する 3 つの応答がそれぞれ一度だけ放送されます。問題冊子には、問題番号と Mark your answer on your answer sheet. という文のみが印刷されています。（A）～（C）のうち、設問文に対する応答として最もふさわしいものを選び、解答用紙にマークします。
傾向	この Part の最大の特徴は、質問や文とそれに対する応答がかなりパターン化されていることでした。しかしながら、最近では、典型的な応答ではないものが正解となる問題も増えつつあります。
注意点	設問文の内容を忘れる、正解と思われる選択肢を忘れてしまってマークできない、というミスを防ぐことが大切です。Part 1 と同様に、解答用紙上の鉛筆の先を移動する方法で迷いを防ぐ練習をし、試験場でも忠実に実行することをお勧めします。通常、後半からパターンでは答えられないひねった応答のものが増え始めます。600 点を取るには、この種の難しいものは間違っても構わないので、最初の基本的なものを確実に正解することが大事です。

問題数	39 問（3 × 13）
目標	22 ～ 26 問程度
解答時間	1 問につき約 8 秒
問題形式	2 人、あるいはそれ以上の人物による会話が一度だけ放送されます。会話は問題冊子には印刷されていません。会話の後で、問題冊子に印刷された設問文（放送される）と選択肢（放送されない）を読み、選択肢（A）～（D）の中から最も適当なものを選び、解答用紙にマークします。各会話には設問が 3 問ずつあります。
傾向	1 つの会話の語数はおおむね 100 語前後なのですが、120 語を超えるような長いものに出会うこともあります。会話は A → B → A → B の 4 ターンの問題が圧倒的に多いですが、2016 年 5 月に新形式に移行してやりとりが非常に多いものや、3 人の人物の会話が出題されるようになりました。また、会話中の表現の意図を問う問題、図表を見て解く問題も出題されるようになりました。
注意点	図表を見て解く問題や表現の意図を問う問題など難しいものも増えてきましたが、会話の概要をつかむ質問や、会話の後半部で出題される未来の行動を問う質問など、典型的かつやさしめの質問は絶対落とさないようにして、残りの質問はリラックスして臨むことで 1 つ 1 つ正解を積み重ねていくことが大事です。最後で出題される図表を見て解く問題は、問題冊子に印刷されている図表をさっと見て難しそうであれば捨ててしまって残りの 2 つの質問に集中するのも 1 つの方法です。逆にやさしそうであれば、他の 2 つの質問を犠牲にしても確実にその 1 問を取りに行く価値はあるでしょう。

問題数	30 問（3 × 10）
目標	<u>16 ～ 19 問程度</u>
解答時間	1 問につき約 8 秒
問題形式	アナウンスやナレーションのような説明文が一度だけ放送されます。説明文は問題冊子には印刷されていません。説明文の後で、問題冊子に印刷された設問文（放送される）と選択肢（放送されない）を読み、（A）～（D）の中から最も適当なものを選び、解答用紙にマークします。各説明文には設問が 3 問ずつあります。
傾向	基本的にトークは 100 語前後です。Part 3 同様、新形式になってから、図表をみて解く問題、トーク中の表現の意図を問う問題が追加されました。
注意点	Part 4 では、冒頭と最後の部分をしっかり聞くことが最大の戦略になります。図表をみて解く問題はそれだけに集中すれば解けるのですが、それでは他の 2 つの問題を間違ってしまう可能性もあります。ただ、600 点を取る上で<u>全問正解は必要ない</u>ので、3 問のうち、1 問は間違ってもいいというつもりで、リラックスして臨んでください。

PART 5

問題数	30 問
目標	17 ～ 22 問程度
解答時間	1 問につき約 5 ～ 30 秒
問題形式	空所を含む文を完成させるために、4 つの選択肢の中から最も適当なものを選び、解答用紙にマークします。
傾向	文法問題・語彙問題の比率はやや語彙問題の方が比率が高く、6 割弱となっています。文法では、品詞問題は Part 5 全体のほぼ 3 割を占めます。その他、動詞の形、代名詞、関係詞などが出題されます。接続詞、前置詞の問題は TOEIC では語彙問題の中に分類されています。語彙問題は同じ品詞のものが選択肢に並んでいます。多くは、文の意味に合致するものを選ぶことになりますが、語法やコロケーションの知識を問うものもあります。
注意点	Part 5 はなるべく速く解答することが大事です。どんなに時間をかけても、1 問 45 秒ぐらいまでを限度とし、それでもわからない場合は適当にマークして先に進んでください。また、すぐに正解がわかる問題であれば、わざわざ空所に選択肢を入れて読んでみる必要はありません。Part 5 全体を 15 分以内で終わらせることが理想です。

問題数	16 問（4 × 4）
目標	9 〜 12 問程度
解答時間	1 文書約 2 〜 3 分
問題形式	4 か所の空所を含む不完全な文章を完成させるために、4 つの選択肢の中から最も適当なものを選び、解答用紙にマークします。
傾向	Part 6 は Part 5 に似た部分もありますが、Part 5 と同じような文法事項・語彙が問われている場合でも、文脈から判断しなければいけない要素が絡んでいることが多く、最近その傾向は強まりつつあります。文法知識としては時制・助動詞・ディスコースマーカーを理解しているかが問われ、残りは語彙問題です。
注意点	Part 6 で時間をかけすぎると、Part 7 の読解問題に使える時間がなくなります。わからない問題は適当にマークして、とにかく先に進むことが大切です。Part 6 全体で 10 分以上時間をかけないようにしましょう。

問題数	54問（1つの文書：29問、複数の文書：25問）
目標	30〜36問程度
解答時間	1問1分
問題形式	広告、通知、フォーム、表、メール、チャット、記事と多様性に富んだ文書が出題されます。質問は文書も概要・目的・書き手・読み手を問うもの、文書中の詳細を問うもの、文中の語・表現を問うもの・文書中に1文を挿入させるものが出題されます。
傾向	読解のテーマに大きな変化はありませんが、Part 7の総単語数は徐々に増えているようです。したがって、同じ箇所をただ何度も読み直す、頭の中で一字一句日本語に置き換えようとする、というような読み方をしていると、時間内に全部の問題をこなすことができません。普段日本語を読む時のように、ざっと大意をつかみ（skimming）、必要な情報のみを拾って内容を把握する（scanning）ようなリーディングの技術が要求されていると言えます。複数の文書（multiple passage）を読んで解く問題は、5問のうち2問は2つ（以上）の文書を参照して解く問題になっています。
注意点	Part 7では、正答できる問題を見分け、確実に正答していくことが大切です。時間をかけてもわからない問題については、適当にマークして先に進むようにしましょう。また、必要な情報が見つかったら、それ以上深く英文を読みこむ必要はありません。特に、フォーム、広告、表などはなるべく速く回答して、記事のようにじっくり読まなければいけないものに時間を回せるようにしたいものです。

Part 2 得点力アップ学習法

　応答がある程度パターン化している Part 2 は、学習次第で大きな得点源になります。Part 2 の音声を使った効果的な復習方法として 4 STEP Listen & Repeat をご紹介しますので、得点力アップに役立ててください。Part 2 で必要な短い英文を正確に聞き取り、その内容を一時的に頭に蓄え、別の英文と内容を比較し、決断を下すというスキルを確実に伸ばすことができます。Part 2 の学習で自信をつけると、話し言葉の英語の流れやノリが解ってくるので、Part 3 や Part 4 にも徐々に抵抗がなくなっていきます。是非トライしてみてください。

STEP 1：設問文と選択肢をListen & Repeat

設問文を聞いたら、音声機器の一時停止（ポーズ）機能を使って音声を止め、繰り返します。

Listen	Where is the meeting room? （一時停止）
Repeat	*Where is the meeting room?* （一時停止解除）
Listen	(A) It starts at 7 o'clock. （一時停止）
Repeat	*(A) It starts at 7 o'clock.* （一時停止解除）

STEP 2：各選択肢が読まれる前に設問文を繰り返す

設問文の音声を声に出す練習をし、選択肢を聞く前に設問文の内容を振り返る習慣をつけます。

Listen	Where is the meeting room? （一時停止）
Repeat	*Where is the meeting room?* （一時停止解除）
Listen	(A) It starts at 7 o'clock. （一時停止）
Repeat	*Where is the meeting room?* （一時停止解除）
Listen	(B) She is meeting with her supervisor. （一時停止）

Listen	Where is the meeting room?
	（A）It starts at 7 o'clock.（一時停止）
Repeat	*Where is the meeting room?*
	（A）It starts at 7 o'clock.（一時停止解除）
Listen	（B）She is meeting with her supervisor.（一時停止）
Repeat	*Where is the meeting room?*
	（B）She is meeting with her supervisor.（一時停止解除）

Listen	Where is the meeting room?
	（A）It starts at 7 o'clock.
	（B）She is meeting with her supervisor.
	（C）It's around the corner.（一時停止）
Repeat	*Where is the meeting room?*
	（C）It's around the corner.

PHOTOGRAPHS

PART1

写真描写
問題

UNIT 01
人物写真は、場所、動作、持ち物を確認

POINT

人物が写った写真では、音声が流れる前に、「誰」が「どこ」で「何をしているか」を確認しましょう。また、写真の人物の持ち物、服装、状況、目立つ物との関係もしっかり押さえておきましょう。

まず、写真を見てみましょう。次に、音声を聞きながら、スクリプトとルールを確認しましょう（問題冊子にはスクリプトは印刷されていません）。 TRACK 01

ルール1
「誰」が「どこ」にいるかを確認する

ルール2
目立つ物と人物の動作に注意する

📖 スクリプト

(A) She's cutting down some trees.
(B) She's eating outside.
(C) She's talking on the phone.
(D) She's fixing a machine.

ルール3
動詞部分をしっかり聞き取る

訳
(A) 彼女は木を刈っている。
(B) 彼女は屋外で食事をしている。
(C) 彼女は電話で話している。
(D) 彼女は機械を修理している。

ルール 1 音声の前に「誰／何」が「どこ」で「何をして／どうなっているか」を確認する

音声が流れる前に「誰」が「どこ」にいるかを確認しておきます。人物の服装や持ち物もよく見ておきましょう。この写真では、中央にベンチに座った女性が見えます。半そでのシャツを着ています。場所は屋外。後ろには木が見えますね。

ルール 2 写真の中で目立つ物と人物の動作に注意する

写真の中で目立つ物と、それにかかわる人物の動作を確認します。この写真では、女性の脇に食べ物の袋のようなものが見えますが、食べている動作は確認できません。携帯電話を耳に当てているので、携帯電話で話をしていることがわかります。膝の上にラップトップがあり、右手でキーボードを叩いているのが確認できます。

ルール 3 主語／動詞部分をしっかり聞き取る

このタイプの問題では、4つの選択肢の主語がすべて同じことが多いので、音声を聞く際には、まず動詞部分を確認します。そこで判断できなければ、それに続く名詞や前置詞句などの部分に注意しながら聞きます。

（A）は trees に関しては正解の可能性がありますが、写真にない cutting という動作が聞こえた時点で消去できます。（B）eating は写真で確認できません。（C）talking on the phone は、写真から確認できるので、正解。（D）は、machine はいいのですが、fixing を聞いた時点で消去できます。

ルール 4 Part 1 頻出の動詞・動詞句を押さえる

Part 1 でよく出題される日常動作表現を覚えておきましょう。

rest（休憩する、くつろぐ）	turn X on（X をつける）
turn X off（X を消す）	adjust（調整する）
arrange（整理する）	try X on（X を試着する）
place / position（置く）	hold（手に持つ）
fold（折りたたむ、〔腕を〕組む）	look into X（X をのぞき込む）
empty（空にする）	fix / repair（修理する）
lean（よりかかる）	reach for X（X に手を伸ばす）

まず、写真を見てみましょう。次に、音声を聞きながら、スクリプトとルールを確認しましょう（問題冊子にはスクリプトは印刷されていません）。 **TRACK 02**

ルール **1**

「誰」が「どこ」で「何をしているか」を確認する

ルール **5**

人物の共通点・相違点を探す

🎧 **スクリプト**

(A) The women are holding their cups of coffee.

(B) A man is putting on his glasses.

(C) People are standing in a row. ◄

(D) A man is pointing at a board.

ルール **3**

主語／動詞部分をしっかり聞き取る

ルール **6**

位置関係に注意する

訳
(A) 女性たちはコーヒーの入ったカップを手にしている。
(B) 男性は眼鏡をかけようとしているところである。
(C) 人々は1列に並んで立っている。
(D) 男性はボードを指さしている。

WORDS ☐ put X on (Xを身につける) ☐ in a row (1列になって) ☐ point at X (Xを指さす)

ルール 1 音声の前に「誰／何」が「どこ」で「何をして／どうなっているか」を確認する

　複数の人物が写った写真でも、「誰」が「どこ」で「何をしているか」を把握する必要があります。写真では、4人の人が部屋の中でミーティングをしています。目立つのは、ボードを指している男性です。これが確認できていれば、すぐに（D）が正解とわかります。4人のうち2人が男性、2人が女性ということも確認します。カップが見えますが、人物の動作とは関係ありません。（A）のcups のように、写真に写っている物を使ったひっかけの選択肢もありますので、安易にその選択肢を選んではいけません。

ルール 5 人物の共通点・相違点を探す

　4人の共通点は「ボードを見ていること」で、もし、They are looking at the board. が選択肢にあれば正解。相違点は、1人が立っていて、他の3人は座っていること、1人が眼鏡をかけていること。写真では、立っている人物は1人だけなので、（C）は不正解です。

ルール 3 主語／動詞部分をしっかり聞き取る

　複数の人物写真では、選択肢の主語がバラバラなことが多いので、特に主語に注意しましょう。選択肢の主語と写真の人物、動詞部分とその動作が一致しているかどうかを確認する必要があります。

　動詞部分が〈be ＋ -ing 形〉の現在進行形になっている場合、その動作や状態が、写真の中ではっきり示されていなければ正解にはなりません。たとえば、put X on は身につける動作を表します。この写真には眼鏡をかけた男性が1人いますが、「今眼鏡をかけている動作」は確認できないので、（B）は不正解です。「眼鏡をかけている状態」を表す A man is wearing glasses. なら正解です。

ルール 6 位置関係に注意する

　（C）の in a row / line（1列になって）のように、位置関係を表す表現がポイントとなる問題もあります。

音声を聞いて、次の問題に答えましょう。

TRACK 03

1.

2.

解答と解説

1.

解説 人物が1人なので、その人物の動作、状況、持ち物、服装を確認します。keyboard は写真に写っていますが、柵に寄りかかっている状態、タイプしている動作は確認できません。（D）は She's sitting at / by the table. であれば正解。

正解 (B)

🔊 スクリプト 🇬🇧

(A) She's leaning against the railing.
(B) She's reading a book.
(C) She's typing some information.
(D) She's wiping a table.

訳 (A) 女性は柵に寄りかかっている。
(B) 女性は本を読んでいる。
(C) 女性は情報を入力している。
(D) 女性はテーブルを拭いている。

WORDS ■ lean against X（Xに寄りかかる）　■ type（他動〔コンピューターのキーボードを〕叩く）
■ wipe（他動 拭く）

2.

解説 複数人物の写真なので、共通点、相違点、位置関係を確認。2人はテーブルの同じ側に並んで座っているので、位置関係を的確に表した(A)が正解。2人が見ているのは書類ではないし、女性は窓から外を見ていないし、男性は椅子を動かしていないので、(B)、(C)、(D)は不正解です。

正解 (A)

🔊 スクリプト 🇦🇺

(A) They are positioning themselves side by side.
(B) They are browsing some documents.
(C) The woman is looking out of the window.
(D) The man is moving some chairs.

訳 (A) 彼らは並んで座っている。
(B) 彼らは書類に目を通している。

（C）女性は窓から外を見ている。
（D）男性は椅子を動かしている。

WORDS　☐ position *oneself*（位置する）　☐ side by side（並んで）　☐ browse（他動 ざっと見る）
　　　　☐ look out of X（X から外を見る）

COLUMN

Part 1で出題される位置関係を表す基本表現

よく出る表現をここでまとめて確認しておきましょう。

☐ on（X の上に、X に接して）　　☐ in（X の中に）
☐ over（X の上に）　　　　　　　☐ under（X の下に）
☐ next to X（X の近くに）　　　　☐ in front of X（X の前に）
☐ against（X に対して）　　　　　☐ near（X の近くに）
☐ toward（X に向かって）　　　　☐ by（X のそばで）
☐ around（X の周りに）　　　　　☐ at（X のところで）
☐ across from（X の向かいに）　　☐ behind（X の後ろに）
☐ on top of X（X の上に）　　　　☐ be stacked（積み重なっている）
☐ be placed（置かれている）　　　☐ hang（かかる、つるす）
☐ open（開いた状態で）　　　　　☐ be lined up（並んでいる）

❯ Part 1のルールのまとめ ❯ 36ページを参照

UNIT 02
風景写真は、物と状態を確認

POINT

風景写真では、「何」が「どこ」で「どうなっているか」に注目することが大事です。電車などの乗り物の写真であれば、その乗り物が「動いているか、止まっているか」「進行方向」「人物との関係」を確認しましょう。

まず、写真を見てみましょう。次に、音声を聞きながら、スクリプトとルールを確認しましょう（問題冊子にはスクリプトは印刷されていません）。 TRACK 04

ルール 1
「何」が「どこ」で「どうなっているか」を確認する

ルール 2
目立つ物と人物の動作に注意する

スクリプト

(A) A bridge is stretching out over the water.
(B) People are reading a sign on a wall.
(C) A boat is attached to a pier.
(D) An item is hanging on a pole.

ルール 3
主語と動詞部分を聞き取る

訳
(A) 橋が水の上に渡っている。
(B) 人々は壁の標識を読んでいる。
(C) ボートが波止場にくくりつけられている。
(D) ものが柱につるさがっている。

　写真の中には 4 人の人が見えます。場所は湖のほとりですね。動きも確認します。4 人は座っています。ポールに浮き輪がつるさがっていることも確認しておけば、（D）が正解とわかります。

　風景写真にも人物が写っていることが多く、その場合、人物と目立つモノの位置関係が重要になります。例題では水ぎわに腰かけている男女が確認できますが、柱についている標識には目もくれていないので、（B）は不正解。以下のような表現を知っていると有利になります。

> **❗ モノの状態や位置関係の表現**
>
> ☐ The drawer has been | opened / left open.
> （引き出しが開いたままである）
>
> ☐ The building overlooks the ocean. （建物が海に臨んでいる）
>
> ☐ The benches are occupied / unoccupied.
> （ベンチは占有されている／いない）
>
> ☐ Shelves are installed against the wall.
> （棚が壁に据え付けられている）
>
> ☐ A wooden deck leads to a pool. （木のデッキはプールへと続く）
>
> ☐ A round table is surrounded by chairs.
> （丸テーブルのまわりに椅子がある）
>
> ☐ Curtains are covering the window. （カーテンが窓をおおっている）
>
> ☐ An instrument is lying on the floor. （楽器が床に置かれている）

　風景写真では、選択肢ごとに主語が異なることが多いので、集中して確実に聞き取るようにし、動詞部分が写真の描写と一致しているかどうか確認しましょう。（A）水はありますが、橋が見えません。（C）ケーブルは見ることができますが、つながっているボートは写真の中には確認できません。

まず、写真を見てみましょう。次に、音声を聞きながら、スクリプトとルールを確認しましょう（問題冊子にはスクリプトは印刷されていません）。 **TRACK 05**

ルール **6**

目立つ物の位置関係を確認する

ルール **2**

目立つ物と人物の動作に注意する

🔒 **スクリプト**

ルール **3**

主語をしっかり聞き取る

(A) Lighting fixtures are being set up.

(B) Clothes are being stacked.

(C) People are selecting items in a store.

(D) Some merchandise is on display.

ルール **7**

受け身の進行形に注意する

訳
(A) 照明器具がつけられているところだ。
(B) 服が積まれている。
(C) 人々は店の中で商品を選んでいる。
(D) 商品が展示されている。

WORDS ☐ lighting fixture (名 照明器具) ☐ on display（展示されて〔= displayed〕）

ルール 6 位置関係に注意する

　写真に写っているのは店のショーウィンドーだとわかります。洋服を着せられたマネキンが中心に見えますね。このように中心となるものが複数あるときは、それぞれの位置関係を確認します。マネキンは１列に並んでいますね。照明についても確認しておきましょう。

ルール 2 写真の中で目立つ物と人物の動作に注意する

　湖のほとりの写真と同様、人物が写っているときには位置関係が重要になりますから、必ず確認するようにしましょう。例題のように、写真に人物が写っていない場合は、人を表す語を含む（C）のような選択肢は、すぐに誤答とわかります。

ルール 3 主語／動詞部分をしっかり聞き取る

　風景問題でも、選択肢ごとに主語が異なることが多いので、主語に集中して、確実に聞き取るようにしましょう。some / all / one など、限定詞（名詞を限定する語句）が正解のヒントとなることがあるので、注意しましょう。

ルール 7 受け身の進行形に注意する

　選択肢に受け身の進行形〈be 動詞＋ being ＋ -ed/-en 形〉が使われている場合、その動作をしている人物が写真の中にはっきり確認できなければ、正解になりません。
　（A）は写真では、照明はついていますが、誰かが「つけている」動作が、写真の中にはっきり見てとれないので、（B）は服を「積む」動作がないので、それぞれ不正解となります。

練習問題

音声を聞いて、次の問題に答えましょう。

1.

2.

1.

解説 人の姿は写真の中にないので、(A)、(B) は不正解。(D) は bus に似た
発音の語を使った音のひっかけ。写真を正確に描写している (C) が正解。
bus ではなく、「乗り物一般」を指す vehicle という語が使われています。

正解 (C)

スクリプト 🇨🇦

(A) Passengers are exiting a bus.
(B) Workers are cleaning window panes.
(C) Some vehicles are parked in the same direction.
(D) A box is propped up against a tree.

訳 (A) 乗客はバスターミナルを去るところだ。
(B) 作業員は窓をきれいにしている。
(C) 何台かの乗り物が同じ方向を向いて駐車している。
(D) 箱が木に立てかけてある。

WORDS ■ exit (他動 出る、去る) ■ worker (名 作業員) ■ window pane (名 窓ガラス)
■ be propped (up) against X (X に立てかけられている)

2.

解説 場所は空港の baggage claim area (手荷物引取所)。(A) がきちんと聞
き取れれば正解できますが、勘違いを誘うひっかけがたくさん用意され
ています。(B) は 空港を連想させる語句が含まれています。(C)、(D)
が正解になるには、写真の中にその動作を行っている人物が必要です。
写真から推測される英文ではなく、確認できる英文を選ぶように心がけ
ましょう。

正解 (A)

スクリプト 🇺🇸

(A) Some luggage is placed on the floor.
(B) People are relaxing in a waiting area.
(C) Some suitcases are being pulled on a cart.
(D) The baggage is being put on the conveyor belt.

訳 (A) 荷物が床に置かれている。

UNIT
02

（B）人々は待合所でくつろいでいる。
（C）スーツケースがカートの上で引っぱられているところだ。
（D）荷物はベルトコンベヤーの上に置かれているところである。

WORDS　□ baggage / luggage（名 荷物）　□ conveyor belt（名 ベルトコンベヤー）

COLUMN

〈be動詞＋being＋-ed/-en形〉vs.〈have＋been＋-ed/-en形〉

それぞれの違いをしっかり押さえておきましょう。

Clothes are being stacked.
　　　be動詞　　　　-ed/-en形

→ Somebody is stacking clothes.
　進行形 積むという動作は継続中

Clothes have been stacked.
　　　　　　　　-ed/-en形

→ Somebody has stacked clothes.
　完了形 積み終わった状態

▶ Part 1のルールのまとめ ▶ 36ページを参照

35

UNIT 1〜2で学習したルールをもう一度確認しましょう。Part 1では、音声が流れる前に、写真をしっかりチェックしておくことが大切です。自信のない項目については、しっかり復習しておきましょう。

UNIT01　人物写真は、場所、動作、持ち物を確認

☐ ルール 1	音声の前に「誰　何」が「どこ」で「何をして／どうなっているか」を確認する	CHECK ❯ 23ページ
☐ ルール 2	写真の中で目立つ物と人物の動作に注意する	CHECK ❯ 23ページ
☐ ルール 3	主語／動詞部分をしっかり聞き取る	CHECK ❯ 23ページ
☐ ルール 4	Part 1 頻出の動詞・動詞句を押さえる	CHECK ❯ 23ページ
☐ ルール 5	人物の共通点・相違点を探す	CHECK ❯ 25ページ
☐ ルール 6	位置関係に注意する	CHECK ❯ 25ページ

UNIT02　風景写真は、物と状態を確認

☐ ルール 7	受け身の進行形に注意する	CHECK ❯ 32ページ

PART 2
応答問題

UNIT 03
Part 2の鉄則
──最初の数語を聞き取る

POINT

Part 2で大事なことは、最初の数語を絶対に聞き取ることです。Wh- 疑問文では、冒頭の疑問詞 5Ws & How（Where / When / Who / Why / What / How）とその後の数語さえ聞き取れれば、正解できる場合が少なくありません。

次の例題で、実際に解き方を確認してみましょう。音声を聞きながら、スクリプトと聞き取りのポイントを確認しましょう（問題冊子にはスクリプトは印刷されていません）。 TRACK 07

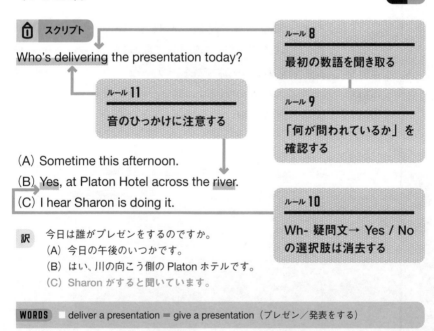

📖 スクリプト

Who's delivering the presentation today?

ルール 8
最初の数語を聞き取る

ルール 11
音のひっかけに注意する

ルール 9
「何が問われているか」を確認する

(A) Sometime this afternoon.
(B) Yes, at Platon Hotel across the river.
(C) I hear Sharon is doing it.

ルール 10
Wh- 疑問文 → Yes / No の選択肢は消去する

訳 今日は誰がプレゼンをするのですか。
(A) 今日の午後のいつかです。
(B) はい、川の向こう側の Platon ホテルです。
(C) Sharon がすると聞いています。

WORDS ■ deliver a presentation = give a presentation（プレゼン／発表をする）

ルール 8 最初の数語を確実に聞き取る

　冒頭の疑問詞と最初の数語を聞き取ります。この問題は Who だけでも解けますが、600 点を狙うなら、Who's delivering まで聞き取りたいところです。

ルール 9 選択肢を聞く前に、「何が問われているか」を確認する

　選択肢の音声が流れる前に、設問文から聞き取った部分を頭の中で繰り返し、選択肢と比べます。(A) は「時間」、(B) は「場所」についての答えなので不正解です。(C) は「人」をたずねる質問の答えになっているので正解です。選択肢を聞くうちに、何が問われているのか忘れてしまうという失敗は、多くの人が経験していることです。選択肢を聞く前に、設問文の冒頭部分を頭の中で復唱する練習をしましょう。

Who's delivering the presentation today? (1) 設問文を聞く

　頭の中で復唱 ：(*Who's delivering?*)

(A) Sometime this afternoon. 　　　　(2) 選択肢を検討→(×)

　頭の中で復唱 ：(*Who's delivering?*)

(B) Yes, at Platon Hotel across the river. (3) 選択肢を検討→(×)

　頭の中で復唱 ：(*Who's delivering?*)

(C) I hear Sharon is doing it. 　　　　(4) 選択肢を検討→(○)

ルール 10 Wh- 疑問文→ Yes / No の選択肢は即座に消去する

　Wh- 疑問文には Yes / No で答えることができません。したがって、後半部分が聞き取れなくても、(B) は即座に不正解と判断できます。

ルール 11 似た音のひっかけに注意する

　設問文の語と似た音が入っている選択肢を安易に選んではいけません。(B) では、設問文に含まれる deliver に似た音の river という単語がひっかけとして使われています。

次の例題で、実際に解き方を確認してみましょう。音声を聞きながら、スクリプトと聞き取りのポイントを確認しましょう（問題冊子にはスクリプトは印刷されていません）。

TRACK 08

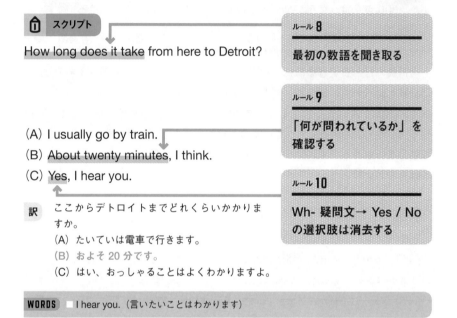

📄 スクリプト

How long does it take from here to Detroit?

ルール 8

最初の数語を聞き取る

ルール 9

「何が問われているか」を確認する

(A) I usually go by train.
(B) About twenty minutes, I think.
(C) Yes, I hear you.

ルール 10

Wh- 疑問文 → Yes / No の選択肢は消去する

訳　ここからデトロイトまでどれくらいかかりますか。
　　(A) たいていは電車で行きます。
　　(B) およそ 20 分です。
　　(C) はい、おっしゃることはよくわかりますよ。

WORDS　■ I hear you.（言いたいことはわかります）

ルール 8 最初の数語を確実に聞き取る

How long / often ～? などの〈How ＋形容詞／副詞〉、What time / size ～? などの〈What ＋名詞〉で始まる設問文は、最初の 1 語だけでは対応できません。つねに冒頭の数語を聞き取るように心がけましょう。例題では、少なくとも How long、できれば How long does it take まで聞き取りたいところです。最初の 1 語 How しか聞き取れていないと、(A) を選んでしまいますが、これはひっかけです。

ルール 9 選択肢を聞く前に、「何が問われているか」を確認する

選択肢の音声を聞く前に、設問文の冒頭部分から「何が問われているか」を再確認しましょう。〈How ＋副詞〉、〈What ＋名詞〉の代表的なパターンと「問われている情報」を下に挙げておきますので、覚えておきましょう。

> **！Part 2 によく出る How / What の変則パターン**
>
> 【数】　　　　How many ～?
> 【価格、量】　How much ～?
> 【理由】　　　How come ～?（*～は平叙文の語順）
> 【期間】　　　How long ～?
> 【距離】　　　How far ～?
> 【頻度】　　　How often ～ / How many times ～?
> 【種類】　　　What type / kind of ～?
> 【サイズ】　　What size ＋名詞～? / How big ～?
> 【色】　　　　What color ＋名詞～?

ルール10 Wh- 疑問文→ Yes / No の選択肢は即座に消去する

必要な部分は逃さず聞き取るのが理想ですが、聞き取れなくて、正解か不正解か判断できない場合もあります。そんな場合は、焦らずに消去法で対応しましょう。例題では、Wh- 疑問文に対して Yes / No で答えている (C) が、すぐに消去できます。

練習問題

音声を聞いて、次の問題に答えましょう。

1. Mark your answer on your answer sheet.

2. Mark your answer on your answer sheet.

3. Mark your answer on your answer sheet.

解答と解説

1.

解説 冒頭の When が聞き取れれば、確実に正解できます。時間を答えている（B）が正解です。なお、ここでの前置詞 in は「X 後に」の意味で、「X 以内に」ではありません（「X 以内」という意味では within を使います）。これは全 Part を通じて重要な知識なので覚えておきましょう。（A）は train と training の音を使ったひっかけの選択肢で、時間を表す語句がないので不正解。（C）は、電車の行き先を尋ねる Where is this train going? に対する答えになっています。疑問詞を正確に聞き取っておくことが大切です。

正解 (B)

🔊 **スクリプト** Q: 🇬🇧 A: 🇨🇦

When is the next train coming?
(A) Ian is taking a training program.
(B) In 15 minutes.
(C) To San Francisco.

訳 次の電車が来るのはいつですか。
(A) Ian は研修を受けています。
(B) 15 分後です。
(C) サンフランシスコに。

WORDS □ training program（名 研修プログラム）

2.

解説 冒頭の 3 語 What size shirt が聞き取れれば、難なく正解できます。シャツのサイズを答えている（B）が正解。（A）、（C）は、Wh- 疑問文に対して No や Sure で答えているので、消去法でも大丈夫ですね。ちなみに、（A）の shoes、（C）の Sure は、shirt と似た音を使ったひっかけです。What size shirt do you need? や What color hat do you want?（何色の帽子が欲しいのですか）など、「どの色（形、大きさ）の〜」と尋ねる場合には、〈what ＋色・形・大きさなどを表す語＋名詞〉の形が使われることが多いので、押さえておきましょう。

正解 (B)

What size shirt do you need?

(A) No, I don't need those shoes.
(B) Medium.
(C) Sure, I will.

訳 どのサイズのシャツをお求めですか。
　　(A) いいえ、これらの靴はいりません。
　　(B) M サイズです。
　　(C) もちろん、私がやります。

WORDS ☐ medium（名 中サイズ）

3.

解説 最初の疑問詞だけでなく、Why was the meeting までしっかり聞きとれ
ていないと間違えてしまう問題。会議が延期された理由を答えている (A)
が正解です。Wh- 疑問文に Yes で答えている（C）を消去するのはそれ
ほど難しくありませんが、時制部分 was がしっかり聞き取れていないと、
現在進行形の（B）を誤答と判断できません。Why の他、When で始ま
る疑問文も、時制まで聞き取っておくと確実です。

正解 (A)

🔒 スクリプト *Q:* 🇨🇦 *A:* 🇬🇧

Why was the meeting postponed?

(A) Some people caught the flu.
(B) He's meeting a client.
(C) Yes, we could postpone it.

訳 なぜ会議は延期されたのですか。
　　(A) インフルエンザにかかった人がいるからです。
　　(B) 彼は今顧客と会っています。
　　(C) はい、それは延期できます。

WORDS ☐ postpone（他動 延期する）　☐ flu（名 インフルエンザ〔influenza の短縮語〕）
☐ client（名 顧客）

▶ Part 2のルールのまとめ ▶74〜76ページを参照

UNIT04
Yes / No疑問文は
主語、動詞、時制を聞き取る

POINT

Part 2 の鉄則「設問文の最初の数語を聞き取る」は、Yes / No 疑問文にも当てはまります。このパターンでは主語、動詞部分、そしてその時制を確実に聞き取ることが重要です。

次の例題で、実際に解き方を確認してみましょう。音声を聞きながら、スクリプトと聞き取りのポイントを確認しましょう（問題冊子にはスクリプトは印刷されていません）。

TRACK 10

📄 **スクリプト**

Are you going to attend Ms. Millham's retirement party?

(A) I was tired after the long event.
(B) If my schedule works.
(C) She tends to talk too much.

ルール12
主語、動詞、時制を聞き取る

ルール13
正解が Yes / No で始まるとは限らない

ルール11
似た音のひっかけに注意する

訳 Millham さんの退職祝いに行きますか。
(A) 長いイベントの後で疲れました。
(B) もし、私のスケジュールが合えば。
(C) 彼女は話しすぎる傾向がある。

WORDS ■ attend（他動 出席する）■ retirement（名 退職）■ work（自動 うまくいく）
■ tend to *do*（…する傾向がある）

ルール 12　主語、動詞、時制を逃さず聞き取る

　Are you going to attend まで聞き取りましょう。パーティーに出席するかどうか尋ねる質問に対して、自分の状況について述べた（B）を、余裕をもって選べるはずです。（A）は時制、（C）は主語が違っています。

　例題の場合、Are you going だけでは何が問われているのか把握できませんが、Did you call Ms. Millham to confirm the meeting schedule? といった設問文であれば、Did you call まで聞き取れれば OK です。

ルール 13　正解が Yes / No で始まるとは限らない

　Has she eaten lunch?—Yes, she has. / Were these pictures painted by Ben?—No, they weren't. のような中学・高校の教科書や参考書の会話例文とは違って、Yes / No で答えている選択肢が正解になることはまれで、逆にひっかけとなっている場合があります。設問文に対して、会話が自然に流れるかどうかで判断しましょう。また、I have no idea. / Certainly (not). / Sorry, but 〜 などの慣用表現で答えることもあります。

ルール 11　似た音のひっかけに注意する

　冒頭の数語を聞き取り、すべての選択肢と比較しながら選ぶのが正攻法ですが、聞き取れない場合は消去法で解答しましょう。設問文で聞こえた語と近い音を含む選択肢は、出題者が用意したひっかけであることが多いので、避けるのが無難です。（A）の tired は retirement と最初の部分の音が似ていますが、設問と選択肢の内容は全く関係ありません。（C）の tend も attend と似た音を使ったひっかけになっています。

次の例題で、実際に解き方を確認してみましょう。音声を聞きながら、スクリプトと聞き取りのポイントを確認しましょう（問題冊子にはスクリプトは印刷されていません）。

TRACK 11

🔊 スクリプト

Kristin has a degree in business, doesn't she?

ルール 12

主語、動詞、時制を聞き取る

ルール 14

付加疑問文の答え方はYes / No 疑問文と同じ

(A) To some degree.

(B) Yes, she got one in Missouri.

(C) No, she has her own business now.

ルール 15

複数の意味・用法を持つ語に注意する

訳　Kristin は経営学の修士号を持っているんですよね。
(A) ある程度は。
(B) はい、ミズーリで。
(C) いいえ、今彼女は自分で事業を営んでいます。

WORDS　☐degree（名学位、度）　☐have *one's* own business（自営業を営む）

　まずは、Kristin has a degree in business まで聞き取りましょう。最後の doesn't she? を聞いた時点で、付加疑問文だとわかります。

ルール **14** 否定疑問文も付加疑問文も、答え方はYes / No 疑問文と同じ

　否定疑問文も付加疑問文も、答え方は Yes / No 疑問文と同じ Don't you 〜? で始まる否定疑問文も、文の後ろに didn't she? など疑問の形をつけ加える付加疑問文も、答え方は Yes / No 疑問文と同じです。

> - Do you like Heather?　〈Yes / No 疑問文〉
> - Don't you like Heather?　〈否定疑問文〉
> - You like Heather, don't you?　〈付加疑問文〉

ルール **15** 複数の意味・用法をもつ単語を使ったひっかけに注意する

　degree には「学位」という意味に加え、「度」、「程度」という意味があります。(A) は、「度」の意味を使ったひっかけの選択肢となっています。また、business が質問では「経営 (学)」ですが (C) では have *one's* own business の形で「会社」の意味で使われています。単語のさまざまな用法に習熟することは、ひっかけに気づくと同時に、語彙力アップの観点からも大変重要です。

! TOEIC でよく出題される多義語

ship	他動 発送する	名 船
report	他動 報告する	*cf.* report to X （X の監督下にある）
	名 報告（書）	
order	他動 注文する	名 注文、命令、順番
subject	名 話題	*cf.* be subject to X （X にかかりやすい）
place	他動 置く	名 場所
leave	他動 出発する	名 欠勤、休暇
issue	他動 発行する	名 問題、号、刊行物
park	他動 駐車する	名 公園

| position | 他動 位置づける　名 位置、地位 |
| direction | 名 指示、道案内、方角 |

練習問題

音声を聞いて、次の問題に答えましょう。

1. Mark your answer on your answer sheet.

2. Mark your answer on your answer sheet.

3. Mark your answer on your answer sheet.

解答と解説

1.

解説 否定疑問文の問題。Yes / No 疑問文と同様、Yes / No で始まる選択肢が まったくないこともあります。「営業報告書を見たかどうか」を尋ねてい るので、「後で見る」と言っている (B) が正解。(A) は sales、(C) は report が音のひっかけとして用意されていますが、設問文の冒頭を注意 深く聞き取っていれば、(A) は主語が違っていることにも気づくはずです。

正解 (B)

🔒 **スクリプト** *Q:* 🇦🇺 *A:* 🇺🇸

Haven't you seen the monthly sales report?
(A) You'll be the new sales manager, right?
(B) Sorry, I was planning to do it later.
(C) Who should I report to?

訳 月間営業報告書を見ていないんですか。
　　(A) あなたが新しい営業部長になるでしょう。
　　(B) すみません、後で取りかかるつもりでした。
　　(C) 誰に報告すればよいのですか。

WORDS ☐ monthly (形 月 1 回の) ☐ report to X (X に報告する)

2.

解説 Yes / No 疑問文。主語・動詞部分・時制にあたる Did you see Mr. Fox's e-mail が聞き取れれば OK。(A) は hour や shift など、同じ語や 同音のひっかけを含みますが、問題にしている主語と動詞が異なります。 (C) は Yes と答えていますが、時制が異なり、会話も自然に流れません。「E メールを見たか」という質問に対し、「会社にいなかった（ので見ていな い）」と答えている (B) が正解。このタイプの設問は、Yes / No の部分 だけで正解を判断できないので注意しましょう。

正解 (B)

🔒 **スクリプト** *Q:* 🇨🇦 *A:* 🇬🇧

Did you see Mr. Fox's e-mail about our shifts in March?
(A) He worked a 10-hour shift on Friday.

(B) No, I was out of the office all morning.

(C) Yes, I'll go see what Mr. Fox is doing.

訳 3月のシフトについての Fox 氏の E メールを見ましたか。

(A) 彼は金曜日に 10 時間シフトで働きました。

(B) いいえ、朝はずっと会社にいませんでした。

(C) はい、Fox 氏が今何をしているか見てきます。

WORDS ☐ shift（名 交替制の勤務時間）　☐ out of the office（会社にいない）

3.

解説　Hiroshi is making copies まで聞き取り、Is Hiroshi making copies? と同じように考えます。（A）は突然お礼を言っているので流れとして合致しません。（B）は TOEIC 頻出の copy と coffee の音のひっかけです。（C）「（コピーをしている）Hiroshi がすぐ戻ってくる」であれば、自然な会話が成り立ちます。

正解 (C)

スクリプト *Q:* 🇬🇧 *A:* 🇦🇺

Hiroshi is making copies for us, isn't he?

(A) Thanks for your support.

(B) He's always making coffee.

(C) Yes, he'll be right back.

訳 Hiroshi は、今コピーをしてくれているんですよね。

(A) 手を貸してくれてありがとう。

(B) 彼はいつもコーヒーを淹れている。

(C) はい、彼はすぐに戻ってきます。

WORDS ☐ make a copy（コピーをとる）　☐ make coffee（コーヒーを淹れる）

▶ Part 2のルールのまとめ ▶ 74〜76ページを参照

UNIT 05

依頼・勧誘は、決まり文句を押さえよう

POINT

Part 2 では、形は疑問文でも、依頼や勧誘の意味を表す設問文が多く出題されます。依頼・勧誘文に加え、応答も決まり文句でなされます。使われる表現は多くないので、覚えてしまいましょう。

次の例題で、実際に解き方を確認してみましょう。音声を聞きながら、スクリプトと聞き取りのポイントを確認しましょう（問題冊子にはスクリプトは印刷されていません）。

TRACK 13

🔒 スクリプト

Would you mind coming into my office for a minute?

ルール 8
最初の数語を聞き取る

ルール 16
Would / Do you mind 〜？の応答に注意する

(A) No, I'll stay here this coming weekend.

(B) Sure. I'll be there right away.

(C) You seem to have made up your mind.

ルール 17
応答の決まり文句を押さえる

訳　ちょっと私のオフィスに来てくれませんか。
(A) いいえ、今週末はここにいます。
(B) もちろんです。すぐそちらに行きます。
(C) どうやら決断したみたいですね。

WORDS ■ minute（名 短い時間）　■ right away（すぐに）　■ make up *one's* mind（決心する）

52

ルール 8 最初の数語を確実に聞き取る

「〜していいですか」と許可を求める表現、「〜していただけますか」と依頼する表現は、パターンがそれほど多くないので覚えてしまいましょう。助動詞の過去形 could や would が使われると、より丁寧な表現になります。リスニングの際には、後に続く動詞までしっかり聞き取りましょう。冒頭の数語を聞き取るという鉄則は同じです。

> **❗ 依頼・許可の決まり文句**
> 【依頼】　「〜していただけませんか」
> 　　　　　Would you mind 〜 ? / Do you mind 〜 ?
> 　　　　　Could you 〜 ? / Can you 〜 ? / Would you (please) 〜 ?
> 　　　　　Could I trouble you for 〜 ?
> 【許可】　「〜していいですか」
> 　　　　　Could I [we] 〜 ?/ Can I [we] 〜 ? / May I 〜 ?

ルール 16 Would / Do you mind〜? の応答に注意する

動詞 mind は「〜を気にする」という意味なので、応じる場合は No、断る場合は Yes で答えます。No は後ろに I don't mind が、Yes は I (do) mind が続くと考えれば、わかりやすいですね。

Would you mind my using your computer?（あなたのコンピューターを使ってもいいですか） — Yes, I'm using it right now.（いいえ、今使ってます）

上のような会話をセットで覚えておきましょう。

ルール 17 応答の決まり文句を押さえる

依頼や許可を求める表現に Yes / No で答えることも可能ですが、普通は決まり文句で応答します。よく使われる応答の表現についても、あわせて覚えておく必要があります。

次の例題で、実際に解き方を確認してみましょう。音声を聞きながら、スクリプトと聞き取りのポイントを確認しましょう（問題冊子にはスクリプトは印刷されていません）。

TRACK 14

スクリプト

Why don't we take a break and go to the cafeteria?

ルール 8
最初の数語を聞き取る

(A) This door has been broken for a few days.

(B) Because the budget isn't large enough.

(C) That sounds great to me.

ルール 17
応答の決まり文句を押さえる

訳
ひと休みして、カフェテリアへ行きませんか。
(A) このドアは、ここ数日壊れたままです。
(B) 予算が十分でないからです。
(C) それはいいですね。

WORDS take a break（休憩する） cafeteria（名 カフェテリア、社員・学生用の食堂）
budget（名 予算）

ルール 8 最初の数語を確実に聞き取る

　相手に「～（して）はどうですか」と勧める場合にも、決まり文句が使われます。特に、Why don't you / we ～ ? のように、疑問詞で始まる形は要注意です。この場合も、「決まり文句＋１～２語」をしっかり聞き取るようにしましょう。TOEIC では、一部分しか聞き取れないと不正解になるような、ひっかけの選択肢が用意されています。たとえば、Why しか聞き取れないと、Because で始まる選択肢（B）を選んでしまうかもしれません。「決まり文句＋１～２語」の聞き取りを意識しましょう。

UNIT
05

> **！ 勧誘・提案の決まり文句**
>
> | | |
> |---|---|
> | Why don't you [we] ～ ? | Why not ～ ? |
> | How [What] about ～ ? | What do you say to ～ ? |
> | Shall I [we] ～ ? / Should I [we] ～ ? | |
> | Would you like (me) to ～ ? | Do(n't) you want (me) to ～ ? |

ルール 17 応答の決まり文句を押さえる

勧誘・提案に対する応答も決まり文句が多いので、覚えておきましょう。

> **！ 応答の決まり文句**
> 【応じる】
> That's a great [good] idea. / Sounds good to me. /
> (That) sounds like a plan.
> 【断る】
> Sorry, but ～ / I'd love to, but ～

ルール 18 会話が自然に流れる選択肢を選ぶ

　上で述べたように、日常会話では勧誘・提案には決まり文句で応答することが多いのですが、Why don't you [we] ～ ? で始まる設問文に、Yes / No で始まる選択肢が正解となる可能性もありますので、会話が自然に流れるものを選

ぶようにしましょう。例）Why don't we meet up on Friday? — Yes, let's do that.

音声を聞いて、次の問題に答えましょう。

1. Mark your answer on your answer sheet.

2. Mark your answer on your answer sheet.

3. Mark your answer on your answer sheet.

解答と解説

1.

解説 Should I/we ～？はアメリカ英語でよく使われる表現で、Shall I/we ～？「～しましょうか」と同じものと考えて構いません。親切な申し出に対し、お礼を言っている（C）が正解。（A）は right と light の音のひっかけを含み、主語も違います。（B）には should、turn、right など、たくさんのひっかけがある上に、動詞部分の意味も根本的に違います。また、Should I ～？が申し出の表現と知っていれば、You should は応対として不自然だと判断できます。

正解 (C)

スクリプト Q: [🇨🇦] A: [🇦🇺]

Should I turn on the lights?
(A) Yes, this is the right one.
(B) You should turn right at the corner.
(C) Thanks. It's getting dark.

訳 明かりをつけましょうか。
(A) はい、これが正しい品物です。
(B) 角のところで右に曲がった方がいいですよ。
(C) ありがとう。暗くなってきましたね。

WORDS ■ turn X on（X〔明かりなど〕をつける）

2.

解説 提案の定型表現 How about ～？と、次の having lunch が聞き取れれば、正解を選べます。（A）は How ～？に対する応答になっています。柔らかく提案を断っている（B）が正解。（C）は、Chinese という単語を使った音のひっかけ。

正解 (B)

スクリプト Q: [🇺🇸] A: [🇨🇦]

How about having lunch at the Chinese restaurant?
(A) 20 minutes on foot.
(B) I'd love to, but I have to see a client at one.
(C) Yes, I've been learning Chinese for a while.

訳 その中華料理店で食事でもどうですか。
（A）歩いて 20 分です。
（B）せっかくですが、1 時に顧客に会わないといけないんですよ。
（C）中国語を少し勉強しています。

WORDS ☐ on foot（徒歩で） ☐ client（名 顧客） ☐ for a while（しばらく）

3.

解説 Could you help me まで聞き取れれば OK です。（A）は動詞と時制が
異なります。（B）は主語が異なり、report が動詞として使われているので、
誤り。決まり文句 Sure で応じている（C）が正解です。

正解 （C）

🔊 スクリプト Q: 🇬🇧 A: 🇺🇸

Could you help me finish the report?
（A）The renovation is finally finished.
（B）He reports to Ms. Novak.
（C）Sure, what's wrong?

訳 このレポートを仕上げるのを手伝っていただけますか。
（A）工事はようやく終わった。
（B）彼は Novak さんの下で働いています。
（C）もちろん、どうしたんですか。

WORDS ☐ help X do（X が…するのを手伝う） ☐ renovation（名 修繕〔工事〕）
☐ report to X（X に直属する）

▶ Part 2のルールのまとめ ▶ 74〜76ページを参照

UNIT 06
いろいろな設問文の形に慣れよう

POINT

間接疑問文や平叙文の陳述では、主語と動詞部分をしっかり聞き取り、意味を理解した上で答えを選びましょう。また、選択疑問文に対する3つの応答パターンをマスターしましょう。

次の例題で、実際に解き方を確認してみましょう。音声を聞きながら、スクリプトと聞き取りのポイントを確認しましょう（問題冊子にはスクリプトは印刷されていません）。

TRACK 16

📖 スクリプト

Do you know who the contact person is?

(A) She's a highly active person, you know.

(B) No, but probably Cathy does.

(C) Yes, I contacted your office yesterday.

ルール19
疑問詞を含む間接疑問文は Wh- 疑問文と同じ

ルール9
「何が問われているか」を確認する

ルール20
間接疑問文は Yes / No でも応答可能

訳　誰に連絡すればよいか知っていますか。
(A) 彼女はすごく行動力がある人ですよね。
(B) いいえ、でもたぶん Cathy が知っています。
(C) はい、あなたの会社に昨日ご連絡しました。

WORDS ■ contact person（連絡の窓口になる人）■ highly（副 とても）

ルール 19　疑問詞を含む間接疑問文は Wh- 疑問文と同じ

　間接疑問文には、大きく分けて２種類あります。例題のように、Do you know who 〜？ と疑問詞が埋め込まれているものは、Wh- 疑問文と同じと考えます。Have you decided if you agree with the report?（その報告書に賛成するかどうか決めましたか）のように、「〜かどうか」の意味の接続詞 if、whether を含むものは、Yes / No 疑問文と同じです。

> **❗ Part 2 によく出る間接疑問文**
>
> Could you please tell me where I can get a copy of this?
> = Where can I get a copy of this?
> Do you know why she went to Nebraska?
> = Why did she go to Nebraska?
> Do you remember who won the prize last year?
> = Who won the prize last year?
> I wonder if the project is still running.
> = Is the project still running?

ルール 9　選択肢を聞く前に、「何が問われているか」を確認する

　間接疑問文では、埋め込まれた疑問詞・接続詞とその直後を聞き逃さないようにしましょう。「問われている内容」を Who is the contact person? などと簡単に言い換え、選択肢を聞く前に頭の中で繰り返します。

　（A）は、you know を使ったひっかけです。連絡先が問われているのに、She's a highly active person では会話が成り立ちません。（C）では contacted が音のひっかけになっていますが、Yes, の後に全く関係のないことが述べられている典型的な誤答の選択肢です。

ルール 20　間接疑問文は Yes / No で答えることが可能

　間接疑問文は形の上では Yes / No 疑問文と同じで、Yes / No で答えることができます。その場合、後ろに詳しい情報が続くので、そこを聞き逃さないように注意しましょう。例題では、（B）は No で始まり、その後で情報を知ってそ

うな別の人の名前を挙げているので、正解になります。

次の例題で、実際に解き方を確認してみましょう。音声を聞きながら、スクリプトと聞き取りのポイントを確認しましょう（問題冊子にはスクリプトは印刷されていません）。**TRACK 17**

UNIT
06

📖 **スクリプト**

Should I talk to Eugene, or can you do it
yourself?

(A) I should probably speak with him
directly.

(B) Yes, you should take Ginny to the
airport.

(C) How about yourself?

ルール 21
選択疑問文は「何と何の選択か」を把握する

ルール 24
言い換えに注意する

ルール 22
応答パターンを押さえる

ルール 23
選択疑問文では Yes / No の応答は消去する

訳　私から Eugene に話しましょうか、それともご自分で話しますか。
(A) たぶん、私が直接彼と話した方がいいでしょう。
(B) はい、Ginny を空港へ連れていった方がいいです。
(C) あなたはどうなのですか。

WORDS ■ directly（副 じかに、直接に）

ルール 21　選択疑問文は「何と何の選択か」を把握する

　まずは or を聞き取り、選択疑問文であることを把握したら、「何と何の選択なのか」を確認します。or が名詞と名詞をつないでいる場合は比較的容易なのですが、or が 2 つの文をつないでいる難度の高い選択疑問文もよく出題されます。

ルール 22　選択疑問文の3つの応答パターンを押さえる

　選択疑問文に対する応答パターンは次の 3 つです。

> **！ トークの構造**
>
> 1）**A または B のどちらかを選ぶ**
>
> 　I'll take the first one. / The green one looks better.
>
> 2）**どちらでもよい**
>
> 　Either is fine with me. / It doesn't matter.
>
> 3）**どちらも選ばない**
>
> 　Neither one (is good), thanks. / Do you have another one?

　対応しやすいのは 2）と 3）で、上記のような決まり文句が正解になります。1）は、選択肢の主語・動詞部分をきちんと聞いていないと正解が選べません。

ルール 23　選択疑問文では Yes / No で始まる応答は消去する

「私（話し手）とあなた（聞き手）のどちらが話をするのか」という質問に対して、（B）のように Yes / No で応答することはできません。このような選択肢があった場合は、即消去しましょう。

ルール 24　正解の選択肢では言い換えに注意する

　設問文の talk to という表現が、正解の選択肢（A）では speak with に言い換えられています。このように、正解の選択肢の中では、設問文の語句が言い換えられていることもあります。逆に、yourself を含む（C）のように、設問文と同じ単語が使われている場合は、誤りである可能性が高いです。表現の言い換えに対応するためには、普段から同じ意味、似た意味の語彙・表現を意識して覚える必要があります。

| 練習問題

音声を聞いて、次の問題に答えましょう。

1. Mark your answer on your answer sheet.

UNIT
06

2. Mark your answer on your answer sheet.

3. Mark your answer on your answer sheet.

解答と解説

1.

解説 このぐらいの長さの設問文であれば、全部聞き取るのが理想です。その上で、それぞれの選択肢の主語と動詞部分を聞き取り、正解かどうか判断します。(A) は設問文と同じ語 working を含みますが、主語が違うので全く別の話題になっています。(B) のように平叙文に Yes / No で答えること自体は可能ですが、その際は No, it isn't. We should get another one. など、内容的につながるものが続かないといけません。他のコピー機を使うように勧めている (C) が正解です。

正解 (C)

Q: 🇨🇦 *A:* 🇺🇸

Oh, no! This projector is not working.
(A) We're not working on the project, are we?
(B) Yes, in the warehouse.
(C) Let me see if I can fix it.

訳 どうしよう！　このプロジェクターは作動していない。
　(A) 私たちはこのプロジェクトに取りかかっていないんですよね。
　(B) はい、倉庫にあります。
　(C) 直せるか見てみましょう。

WORDS ■ work on X（X にとりかかる） ■ warehouse（名 倉庫） ■ fix（他動 修理する）
■ see if ~（~かどうか確かめる）

2.

解説 選択疑問文。「ソフトを自分でインストールするか、それとも専門家の助けを頼むか」を尋ねています。seek professional help を ask for technical support と言い換えて応答している (A) が正解。(B) は選択疑問文に Yes / No で応答しているので、誤り。(C) は professor と professional、tall と install が音のひっかけになっており、主語も内容も設問文と大きく異なります。

正解 (A)

Q: 🇬🇧 *A:* 🇦🇺

Do you think we should install this software ourselves, or seek professional help?
(A) We probably should ask for technical support.
(B) Yes, I think so, too.
(C) That tall lady is Professor Armstrong.

訳 このソフトは私たちでインストールした方がいいですか。それとも専門家の助けを頼んだ方がいいでしょうか。
(A) 技術サポートを頼んだ方がいいと思います。
(B) はい、私もそう思います。
(C) あの背が高い女性が Armstrong 教授です。

WORDS ☐ install（他動 インストールする）　☐ seek（他動 探す、求める）
☐ professional（形 職業の）　☐ ask for X（X を求める）　☐ technical（形 技術的な）

3.

解説 間接疑問文。実質的には Are these numbers correct? と同じと考えましょう。(A) は whether と weather が音のひっかけで、内容が全くかみ合いません。(B) は 設問文と同じ number という語を使った音のひっかけで、番号が正しいかどうかという質問に答えていません。(C) は「問題がない＝正しい」と判断できます。

正解 (C)

スクリプト Q: 🇬🇧 A: 🇨🇦

Could you tell me whether these numbers are correct?
(A) That's what the weather forecast said.
(B) Yes, I could give you her phone number.
(C) I don't see any problems.

訳 これらの番号が正しいかどうか教えていただけますか。
(A) それが天気予報が言っていたことです。
(B) はい、彼女の番号を教えることができます。
(C) 問題は見受けられません。

WORDS ☐ weather forecast（名 天気予報）

❯ Part 2のルールのまとめ ❯ 74〜76ページを参照

UNIT 07
変則的な応答に
慣れよう

POINT

Part 2 の後半では、パターン化されていない間接的な応答が正解になる問題がよくでます。**質問に質問で返す、相手が述べたことに感想を述べる、保留する、条件をつけるなどの変則的な応答にも慣れておきましょう。**

次の例題で、実際に解き方を確認してみましょう。音声を聞きながら、スクリプトと聞き取りのポイントを確認しましょう（問題冊子にはスクリプトは印刷されていません）。

TRACK 19

🔊 スクリプト

Do you think you can come on Friday?

（A）Spring has come, I think.

（B）I saw you working here Friday.

（C）By when should I give you the answer?

> **ルール 9**
> 「何が問われているか」を確認する

> **ルール 11**
> 音のひっかけに注意する

> **ルール 25**
> 間接的な応答に注意する

訳 あなたは金曜日に来ることができると思いますか。
（A）春が来たと思う。
（B）あなたが金曜ここで仕事をしているのをみた。
（C）いつまでに返事をしたらよろしいですか。

WORDS ■ see X doing（X が…しているのをみる）

ルール 9　選択肢を聞く前に、「何が問われているか」を確認する

Do you think（文法的には続く that が省略されている）まで聞いたところで、考えを尋ねていると判断し、続く you can come on Friday から「金曜日に来ることができる」とわかります。そこで、Can you come on Friday? と考えながら、各選択肢を聞きます。ここまでは、今まで学習してきた手順とまったく同じです。

ルール 11　似た音のひっかけに注意する

各選択肢の主語・動詞部分を聞き取り、意味を確認しながら、正誤を判断します。(A) は設問文と同じ come、think という語を含んでいますが、全く関連のない季節の話になっています。(B) は Friday との音のひっかけになっており、設問文に対し全く無関係の内容を述べています。

ルール 25　間接的な応答に注意する

(A)、(B) が誤答だと判断できれば、消去法で (C) にたどり着きます。ところが、(C) もはっきり金曜日に来ることができるのかを答えていません。しかし、聞かれた側が即座に答えられない場合も当然あります。(C) のように、返答をいったん保留しいつまでに返事をするのかを尋ねるような答え方も可能です。このような選択肢が正解となることもたびたびあるので、変則的な応答に慣れておきましょう。

次の例題で、実際に解き方を確認してみましょう。音声を聞きながら、スクリプトと聞き取りのポイントを確認しましょう（問題冊子にはスクリプトは印刷されていません）。

TRACK 20

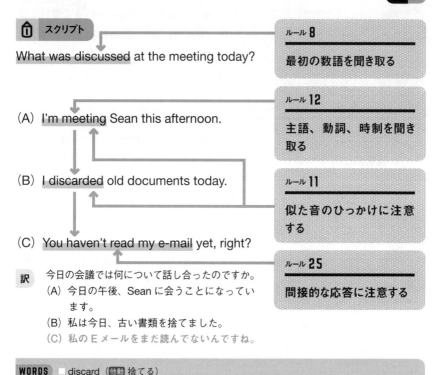

🔊 スクリプト

What was discussed at the meeting today?

ルール 8
最初の数語を聞き取る

(A) I'm meeting Sean this afternoon.

ルール 12
主語、動詞、時制を聞き取る

(B) I discarded old documents today.

ルール 11
似た音のひっかけに注意する

(C) You haven't read my e-mail yet, right?

ルール 25
間接的な応答に注意する

訳 今日の会議では何について話し合ったのですか。
(A) 今日の午後、Sean に会うことになっています。
(B) 私は今日、古い書類を捨てました。
(C) 私の E メールをまだ読んでないんですね。

WORDS ☐ discard（他動 捨てる）

ルール 8 最初の数語を確実に聞き取る

　設問文の聞き取りの鉄則は今までと同じです。What was discussed が聞き取れれば、「何が話し合われたのか」＝「話し合った内容」が問われているとわかります。

ルール 12 主語、動詞、時制を逃さず聞き取る

　変則的な応答が正解になる問題では、誤答も含めて選択肢の内容をどれだけ聞き取れるかがカギになります。主語と動詞部分、時制に注意して、各選択肢を吟味すると、(A)、(B) は主語、動詞、時制のいずれも設問文と異なっているので、誤りとわかります。

ルール 11 似た音のひっかけに注意する

　似た音や同じ音が聞こえたという理由だけで、その選択肢を選んではいけません。多くの場合は、音のひっかけです。(A) は meeting、(B) は discussed に似た音の discarded、そして today がひっかけになっているので、これらを消去するという方法でも、正解できます。

ルール 25 間接的な応答に注意する

　(C) は What was discussed? に対する直接的な応答ではなく、「(会議の内容をE メールで送ったのに) まだ読んでないんですね」と、間接的に答えています。このように、答えを知らない場合のみならず、知っていても答えない、あるいは間接的に答えるような選択肢もあるので、注意しましょう。難問ですが、設問文と正解を続けて読むと、会話が自然に流れていることがわかりますね。

音声を聞いて、次の問題に答えましょう。

1. Mark your answer on your answer sheet.

2. Mark your answer on your answer sheet.

3. Mark your answer on your answer sheet.

解答と解説

1.

解説 When で始まる Wh- 疑問文。Mr. Bueller が来る時間が問われています。(A) は時間を表す語句 on Friday が含まれていますが、オフィスの休業日を答えているので不正解。(C) は He is まではいいのですが、その後に出身地を表す表現が続いているので不正解。答えを知らない聞き手が、他の人に尋ねるという解決方法を示している (B) が正解です。

正解 (B)

スクリプト Q: 🇦🇺 A: 🇺🇸

When will Mr. Bueller come to our office?
(A) Our office is closed on Friday.
(B) I don't know. Ask Madelin.
(C) He is originally from Vienna.

訳 Bueller さんはいつ弊社に来るのですか。
　(A) 弊社は金曜日は休業です。
　(B) 知りません。Madelin に聞いてみてください。
　(C) 彼はもともとはウィーンの出身です。

WORDS □ originally (副 もとは)

2.

解説 否定疑問文。Do you think we need more staff? と同じように考えます。Yes で応答することも可能ですが、stuff は staff との音のひっかけで、内容がまったく違うので、(A) は不正解。(C) も staff という語が入っていますが、聞かれている内容とかみ合いません。(B) は「人事部長ではない (ので答える立場にない)」という間接的な答え方ですが、自然なやり取りになっています。これをサッと選べるのは相当な実力者ですね。

正解 (B)

スクリプト Q: 🇨🇦 A: 🇬🇧

Don't you think we need more staff?
(A) Yes, I put that stuff on the shelf.
(B) Right, let me talk to my supervisor about it.
(C) Our staff members are in the meeting room.

訳 もっと多くのスタッフが必要だとは思いませんか。
(A) はい、それは棚の上に置きました。
(B) そうですね、その件は上司と話をさせてください。
(C) 私たちのスタッフは会議室にいます。

WORDS
- staff (名 スタッフ、社員)　■ put X on 〜 (X を〜に置く)
- stuff (名《口語》もの、物事)　■ supervisor (名 上司)

3.

解説 陳述文。冒頭の This is the second hardest task から、「2 番目に難しい仕事」について述べていることがわかります。(A) は hardest が toughest に言い換えられていますが、「2 番目」という発言に対して、一番難しい仕事について尋ねるのは会話として自然なので、これが正解です。(B) の second は設問文とは違う意味で使われており、(C) の heard と Gibbon は、それぞれ hardest、given との音のひっかけで、内容も全くかみ合いません。

正解 (A)

スクリプト Q: 🇺🇸 A: 🇦🇺

This is the second hardest task I've ever been given.
(A) What was the toughest one?
(B) I'll come in a second.
(C) I've never heard of Ms. Gibbon.

訳 これは、今まで与えられた中で 2 番目に難しい仕事です。
(A) 一番難しいのは何だったんですか。
(B) すぐにそちらに行きます。
(C) Gibbon さんについては何も聞いていません。

WORDS
- task (名 仕事、課題)　■ in a second (すぐに)
- hear of X (X について聞く、耳にする)

▶ Part 2のルールのまとめ ▶ 74〜76ページを参照

UNIT 3〜7 で学習したルールをもう一度確認しましょう。Part 2 では、設問文の最初の数語が聞き取れるように、しっかり集中することが大切です。自信のない項目については、しっかり復習しておきましょう。

UNIT03 Part 2の鉄則─最初の数語を聞き取る

☐ ルール **8**	最初の数語を確実に聞き取る	CHECK ❯ 39ページ
☐ ルール **9**	選択肢を聞く前に、 「何が問われているか」を確認する	CHECK ❯ 39ページ
☐ ルール **10**	Wh- 疑問文 → Yes / No の選択肢は 即座に消去する	CHECK ❯ 39ページ
☐ ルール **11**	似た音のひっかけに注意する	CHECK ❯ 39ページ

UNIT04 Yes / No疑問文は主語、動詞、時制を聞き取る

☐ ルール **12**	主語、動詞、時制を逃さず聞き取る	CHECK ❯ 46ページ
☐ ルール **13**	正解がYes / No で始まるとは限らない	CHECK ❯ 46ページ
☐ ルール **14**	否定疑問文も付加疑問文も、 答え方はYes / No 疑問文と同じ	CHECK ❯ 48ページ
☐ ルール **15**	複数の意味・用法をもつ単語を使った ひっかけに注意する	CHECK ❯ 48ページ

SHORT CONVERSATIONS

PART3
会話問題

UNIT 08
「場所」、「職業」は
関連語句から推測しよう

POINT

Part 3 では、「場所」、「職業」を問う設問は最もよく出題されます。**会話の大まかな流れが押さえられれば、細かい部分が多少聞き取れなくても解答できるので、確実に正解できるようにしましょう。**

次の例題で、実際に解き方を確認してみましょう。

1. Where most likely are the speakers?
   (A) In a clothing store
   (B) In a bakery
   (C) In a phone service store
   (D) In a drug store

| ルール 26 |
| 会話の構造をつかむ |

| ルール 27 |
| 関連語句から場所を推測する |

2. According to the woman, what problem does the product have?
   (A) The color
   (B) The design
   (C) The price
   (D) The size

| ルール 28 |
| 会話の流れに沿った詳細を押さえる |

| ルール 29 |
| 機能表現に注意する |

3. What does the man say he needs today?
   (A) Her payment for the order
   (B) Her service agreement
   (C) Her contact information
   (D) Her order cancellation

次に、音声を聞いてみましょう（問題冊子にはスクリプトは印刷されていません）。

Questions 1 through 3 refer to the following conversation.

W: Excuse me, does this smart phone come in different colors? I find this design really stylish, but I don't like pink.

設問 1 のヒント

設問 2 のヒント

UNIT

08

M: Well, we also have it in black and blue, but they're out of stock today and won't be available for a few days. If you order today, though, we could hold one for you.

設問 1 のヒント

W: Oh, good. I can come back again sometime next week. In that case, would I have to pay today?

設問 3 のヒント

M: No, just give us your name and contact information so we can let you know when it arrives.

ほとんどの Part 3 の会話は次のような構造をしています。これを意識した聞き取りをすることが大切です。

1) **冒頭部**：話題・問題を提供する
2) **中間部**：出された話題に対する情報を交換したり、問題の解決方法を話し合う
3) **後半部**：情報交換や話し合いに基づいて、これからのことに言及する

ルール 27 関連語句から場所を推測する

設問 1 は、Where で「場所」について尋ねています。具体的に場所を表す単語が出てくることはまれですので、関連する語句をできるだけたくさん聞き取り、そこから推測します。細かい部分が多少聞き取れなくても解答できますので、600 点を狙うなら確実に正解したい設問です。ここでは、冒頭の cell phone、colors などの語、男性の they're out of stock、If you order today などの発言から、携帯電話の販売店での会話と推測できます。

ルール 28 会話の流れに沿った詳細を押さえる

会話の詳細情報を問う設問は他と比べて難度が高いですが、全く会話の流れと関係のないポツンとした情報が問われることはありません。設問 2 の「商品に不満な点」は、冒頭の女性の発言から (A) の The color とわかります。設問 3 は What does the man say とあるので、男性がどこかで答えると予想し、男性の発言に注意しましょう。男性の最後の発言に give us your name and contact information とあるので、(C) が正解です。

ルール 29 機能表現に注意する

今回の問題でもそうですが、他にも What does the man request the woman do? / What is the woman asked to do? など会話中で 1 人の登場人物が他の人に頼んだり、許可を求めたり、要求を述べる場合は設問で問われる可能性が高いです。そういう表現に出会ったときは注意しましょう。

【要望を表す機能表現】

Could you 〜? / Would you 〜?

I'd like (you) to 〜? / I want (you) to 〜?

May / Can I 〜?   I request 〜.

You need 〜.   Please 〜.

You might / may want to 〜.

訳

問題 1 〜 3 は次の会話に関するものです。

W：すみません、このスマートフォンで違う色のものはありませんか。このスタイリッシュなデザインはすごく好きなんですけど、ピンクは嫌いなので。

M：そうですね、黒と青もあるんですが、あいにく今日は切らしており、2、3日は入荷の予定がありません。本日ご注文いただけるのでしたら、お取り置きしておきますよ。

W：よかった。来週のいつかまた来ることができます。その場合は、本日お支払いする必要がありますか。

M：いいえ、商品が届きましたらお知らせできるように、お客様のお名前とご連絡先をいただくだけです。

1. 2 人はどこにいると考えられますか。
   (A) 洋品店
   (B) パン屋
   (C) 電話サービス店
   (D) 薬局

2. 女性によると、その商品の問題は何ですか。
   (A) 色
   (B) デザイン
   (C) 価格
   (D) 大きさ

3. 男性は今日何が必要だと言っていますか。
   (A) 注文の支払い
   (B) サービスへの同意
   (C) 連絡先
   (D) 注文の取り消し

WORDS
- likely （形 ありそうな）　■ clothing store （名 衣料品店）　■ agreement （名 同意）
- cancellation （名 取り消し）　■ stylish （形 流行の）　■ out of stock （在庫切れの）
- available （形 入手できる）　■ in that case （その場合には）

練習問題

音声を聞いて、次の問題に答えましょう。　 TRACK 23

1. Where does the conversation most likely take place?
- (A) In a store
- (B) At a train station
- (C) In an office
- (D) At a ticket booth

2. Who most likely is Ms. Bradley?
- (A) A client
- (B) A technical assistant
- (C) A travel agent
- (D) A supervisor

3. What will the woman probably do next?
- (A) Go to the printing service counter
- (B) Fix the copy machine herself
- (C) Ask for some support
- (D) Attend the meeting

解答と解説

1.

解説 確実に押さえたい「場所」に関する問題。全体的な会話の流れを押さえ
ておけば正解できます。「営業報告書が会議で必要」、「ビルにプリントサー
ビスがある」などが、ヒントになります。

正解 (C)

2.

解説 登場人物の「職業」を問う問題。男性の最初のセリフから、Ms. Bradley
に頼まれてコピーを取らなければいけないことがわかり、次の女性のセ
リフで、Your boss is waiting for you and you need my help. と男性
の状況を確認しているので、Ms. Bradley は男性の上司であることがわ
かります。

正解 (D)

3.

解説 「女性の次の行動」を問う設問なので、女性の発言の最後の方に注意しま
す。女性は「誰か手伝ってくれる人を探す」と述べた後に、ちょうどそ
の場にやってきた Whitney という同僚の女性に Could you ～? を使っ
て呼びかけているので、(C) が正解。(A) は「いつも込んでいる」、(B)
は「機械は苦手」という発言と矛盾します。「女性が会議に出る」という
内容は述べられていないので、(D) は誤り。

正解 (C)

🔈 **スクリプト** *M:* 🇬🇧 *W:* 🇨🇦

Questions 1 through 3 refer to the following conversation.

M: Could you give me a hand, Lauren? This copier is rather confusing, and I don't know
how to use it. You see, Ms. Bradley asked me to make twenty copies of this sales
report for this afternoon's meeting.

W: I see, Ryan. Your boss is waiting for you and you need my help. Unfortunately, you're
asking the wrong person—I'm not good with machines.

M: In that case, I should probably go to the printing service counter on the second floor.
Sorry for bothering you.

W: Not at all. But you know, that service counter is usually pretty crowded. Let me find
somebody who can help you. Oh, Whitney! Could you come here for a second?

訳 問題 1 ～ 3 は次の会話に関するものです。

M：ちょっと手を貸してくれる、Lauren。このコピー機はすごく複雑で、使い方がわからないんだ。Bradley さんに今日の午後の会議のために、営業報告書を 20 部コピーしないと。

W：なるほど，上司が待っていて私に手を貸してほしいわけね、Ryan。残念だけど、頼む相手を間違えているわ。機械は得意じゃないの。

M：それなら、このビルの 2 階にあるプリントサービスに行った方がいいかもしれないな。わずらわせて申し訳ない。

W：いや、全然。ところで、あそこはいつもすごく混んでるわ。誰か手伝ってくれる人を探してみる。あら、Whitney ！ ちょっとこっちに来てくれない？

1. この会話はどこで行われていると思われますか。
   (A) 店
   (B) 電車の駅
   (C) オフィス
   (D) チケット売り場

2. Bradley さんは誰だと思われますか。
   (A) 顧客
   (B) 技術系アシスタント
   (C) 旅行代理店の人
   (D) 管理者

3. 女性は次に何をすると思われますか。
   (A) プリントサービスに行く
   (B) コピー機を自分で直す
   (C) 助けを求める
   (D) 会議に参加する

WORDS
- ticket booth（名 チケット売り場〔= box office〕）
- travel agent（名 旅行代理店の社員）
- printing service counter（名 プリントサービス） ■ give X a hand（X に手を貸す）
- rather（副 かなり） ■ confusing（形 わかりにくい）
- ask X to *do*（X に…するように頼む） ■ sales report（名 営業報告書）
- unfortunately（副 残念ながら）

▶Part 3のルールのまとめ▶106～107ページを参照

UNIT 09
「話題・テーマ」は、冒頭部分に注意

POINT

「話題・テーマ」に関する設問は、細かい聞き取りは要求されないので、確実に正解したい問題です。**「話題・テーマ」は冒頭部分で語られることが多いので、特に最初の部分に集中して聞くことが大切です。**

次の例題で、実際に解き方を確認してみましょう。

1. What are the speakers mainly discussing?

   (A) Giving a speech
   (B) Scheduling a trip
   (C) Opening a restaurant
   (D) Finding a service

> ルール **30**
>
> 「話題・テーマ」→冒頭部分に注意する

> ルール **31**
>
> 否定的な内容には注意する

2. What was the problem with Emperor's Chef?

   (A) The place was too small.
   (B) The cost exceeded the budget.
   (C) There were no vegetarian menu items.
   (D) The location was too far.

3. What does the man want to know?

   (A) The name of a restaurant
   (B) The location of a branch
   (C) The cost estimate
   (D) The most popular dish

> ルール **32**
>
> 会話の後半部にも注意する

85

次に、音声を聞いてみましょう（問題冊子にはスクリプトは印刷されていません）。

TRACK 24

📗 スクリプト

Questions 1 through 3 refer to the following conversation with three speakers.

M: Angela, I think we have to decide a catering service for the annual banquet. It's only two weeks away.

設問1のヒント

W1: Oh, right. Last year we chose the Emperor's Chef, but lots of people didn't seem to be happy about the selection of food.

設問2のヒント

M: Yeah, nowadays there are so many people who can't eat meat. We should find another catering service—any suggestions?

W1: Uh-uh. I'm not good at things like that. Do you know any good places, Nicole?

W2: Actually, I do. How about we use the French restaurant that opened just a few weeks ago? Someone told me the food is quite good and they offer some vegetarian menu items.

設問3のヒント

M: Sounds like a plan. So, what's the name of the restaurant?

ルール 30　「話題・テーマ」の設問は冒頭に注意する

　What are the speakers mainly discussing? は、「話題・テーマ」を尋ねる典型的な設問文。話題やテーマについては、会話の冒頭部分で語られることが多いです。細かい聞き取りは要求されない問題なので、これだけは確実に正解するようにしましょう。例題では、会話の冒頭で「毎年恒例の夕食会のためにケータリング業者を探さないと」と言っているので、この部分が聞き取れれば、正解できます。

ルール 31　否定的な内容には注意する

　設問 2 の文中には What is the problem ... とあるので、何かしらの問題がこの会話の「話題・テーマ」にかかわっていることが推測できます。didn't seem to be happy about ... から去年の夕食会の参加者がレストランのメニューの品揃えに不満だったことを問題にしています。このように会話中に悩み・問題など何かしらの否定的な要素が出てきた場合、その部分が設問で問われる可能性は極めて高いので注意しましょう。

ルール 32　会話の後半部にも注意する

　Part 3 の会話は①冒頭部（話題を提供する）、②中間部（話題についての詳細）、③末部（内容を受け手の未来についての言及）という構成を大概しています。③で出てくる情報は 3 問目で問われることが多いです。会話の最後で男性は what's the name of the restaurant? とレストランの名前を尋ねているので、男性に必要なのはこれであることがわかります。

訳　問題 1 ～ 3 は次の会話に関するものです。
　M：Angela、毎年恒例の夕食会のために、ケータリング業者を探さないと。あと 2 週間しかないよ。
　W1：ああ、そうね。去年は Emperor's Chef にしたけど、食事の選択に不満だった人が多かったようね。
　M：うん、近頃は肉を食べられない人がたくさんいるからね。他のケータリング業者を探した方がいいな——何かお勧めはある？
　W1：ううん。あまりそういうことは得意じゃないの。何かいい場所を知っている、Nicole？
　W2：実は、知っているの。数週間前に開いたあのフランス料理店はどうかな。聞く

ところによると、味もいいし、ベジタリアンのためのメニューもあるそうよ。

M： よさそうだね。そのレストランの名前は何と言うの。

1. 2人は主に何について話していますか。
   (A) スピーチをすること
   (B) 旅行を計画すること
   (C) レストランをオープンすること
   (D) 業者を見つけること

2. Emperor's Chef にはどんな問題がありましたか。
   (A) 場所が小さすぎた。
   (B) 支出が予算をオーバーした。
   (C) ベジタリアンのためのメニューがない。
   (D) 場所が遠い。

3. 男性は何を知りたいと思っていますか。
   (A) レストランの名前
   (B) 支店の場所
   (C) 予算の見積もり
   (D) 最も人気のある料理

WORDS　☐ exceed（他動 超える）　☐ estimate（名 見積もり）　☐ annual（形 毎年の）
☐ banquet（名 宴会）　☐ nowadays（副 最近では）　☐ offer（他動 提供する）

練習問題

音声を聞いて、次の問題に答えましょう。

	TV	Projector	Speakers
Room SH	✓	–	✓
Room SI	✓	✓	–
Room SJ	✓	✓	✓
Room SK	–	✓	✓

1. Why is the man calling?

(A) To apologize for a delay

(B) To accept an offer

(C) To cancel a reservation

(D) To order an item

2. When will the man probably use a room?

(A) This morning

(B) This afternoon

(C) Tomorrow morning

(D) Tomorrow afternoon

3. Look at the graphic. Which room will the man most likely use?

(A) Room SH

(B) Room SI

(C) Room SJ

(D) Room SK

1.

解説 「話題・テーマ」を問う設問なので、会話の冒頭部分に注意します。I'm calling to cancel a conference room reservation for this afternoon. と言っているので、(C) の「予約をキャンセルするため」が正解。

正解 (C)

2.

解説 最初の男性の発言の最後で、I wonder if the same room is available from ... tomorrow morning. とあるので、部屋を使いたいのは明日の朝であることがわかります。

正解 (C)

3.

解説 男性の発言に注意します。2番目の発言で projector があるか確認している上、女性の最後の発言に「テレビがない」とあります。

正解 (D)

🔒 スクリプト *M:* 🇺🇸 *W:* 🇨🇦

Questions 1 through 3 refer to the following conversation and chart.

M: Hi. This is Brandon Bryant from the IT Department. I'm calling to cancel a conference room reservation for this afternoon. Also, I wonder if the same room is available from 10:30 to 11:30 tomorrow morning instead.

W: Give me a moment and let me ... Oh, I'm sorry, the room has already been booked. Would you like to reserve another room? Actually, the room right next to the one you requested is available from 11:00 to 12:00.

M: Well, there's one point I need to make sure of first. Does the room have a projector?

W: Yes, and speakers. It is almost the same as the other one except for that there's no TV.

訳 問題1～3は次の会話と表に関するものです。

M：もしもし。IT部の Brandon Bryant です。今日の午後に予約していた会議室をキャンセルしたいと思って電話しています。それから、代わりに同じ部屋を明日の10:30から11:30まで使えないでしょうか。

W：少々お待ちください、調べてみます…。残念ですが、その部屋はもう予約されています。他の部屋を予約なさいますか。予約された部屋の隣の部屋なら、11時から12時まで使えますが。

M：まず1つ確認しなければいけないことがあります。その部屋にプロジェクターはありますか。

W：はい、スピーカーもあります。テレビがないことを除いて、その部屋は前の部屋とほぼ同じです。

1. 男性はなぜ電話をしていますか。
   (A) 遅延について謝罪するため
   (B) 提案を受諾するため
   (C) 予約を取り消すため
   (D) 品物を注文するため

2. いつ男性は部屋を使うと思われますか。
   (A) 今日の朝
   (B) 今日の午後
   (C) 明日の朝
   (D) 明日の午後

3. 図表を見てください。男性はどの部屋を使用すると思われますか。
   (A) SH室
   (B) SI室
   (C) SJ室
   (D) SK室

UNIT 09

WORDS conference room（**名** 会議室）　reservation（**名** 予約）
I wonder if ～（～はどうかと思う）　instead（**副** 代わりに）
make sure of X（X を確認する〔＝ confirm〕）　except（**前** ～を除いて）

▶ Part 3のルールのまとめ ▶ 106～107ページを参照

UNIT10
ヒントになる情報は通常順番どおりに来る

POINT

「詳細情報」を問う設問では、どこにどのような情報が来るのか知っていることが効果を発揮します。**注意をしたいのは、ほとんどの場合、音声の流れる順番ごとに設問の順番が来ることです。**

次の例題で、実際に解き方を確認してみましょう。

1. What department does the man work in?
   (A) Research and Development
   (B) Public Relations
   (C) Sales
   (D) Human Resources

ルール 30
「話題・テーマ」→冒頭部分に注意する

ルール 33
部署名の英語は覚えておく

2. What are the speakers discussing?
   (A) A business workshop
   (B) A job opportunity
   (C) A construction plan
   (D) Intensive training

ルール 34
言い換えに注意する

3. When is the woman likely to visit the office?
   (A) On Tuesday
   (B) On Wednesday
   (C) On Thursday
   (D) On Friday

ルール 32
会話の後半部にも注意する

次に、音声を聞いてみましょう（問題冊子にはスクリプトは印刷されていません）。

Questions 1 through 3 refer to the following conversation.

M: Hello. I am Tony Wilburn, the Human Resources Manager at S&O Block. We've read your online application and we're very impressed. If it is okay with you, we'd like you to come to our office sometime this week.

設問 1 のヒント

設問 2 のヒント

UNIT
10

W: Sure, I'd be delighted to visit your office anytime on Wednesday. Would that work for you?

設問 3 のヒント

M: I think it does. But, just in case, let me double-check our schedule and get back to you soon.

ビジネスの電話では、最初に名前や役職を名乗るのが普通です。「部署・役職名」など相手の属性を問う設問では、会話の最初の部分に集中しましょう。

ルール **33** 部署名の英語は覚えておく

Part 3 だけでなく、Part 4、Part 7 にも会社の部署・役職名は重要ですので、基本的なものはすべて覚えておきましょう。

- human resources / personnel（人事）
- sales / marketing（営業）
- manufacturing / production（製造）
- advertising / public relations（広報）
- security（保安）
- engineering / technical（技術）
- research and development（研究開発）
- accounting（会計）

ルール **34** 言い換えに注意する

設問 2 は「話題・テーマ」を問う設問です。UNIT 9 で述べたように、会話の最初の部分に注意して聞きますが、冒頭部分で名乗った後の We've read your online application では少しはっきりしません。その少し後の we'd like you to come to our office や全体の流れから、就職の面接（job interview）について話していて、それを A job opportunity と抽象的に言い換えているのだと判断します。

ルール **32** 会話の後半部にも注意する

未来への言及は会話の最後になされるのが普通です。電話で次の約束の日時などを決める場合も、会話のやりとりを受けて最後の方で言及されることが多く、また確認のため最後に繰り返されることもあります。したがって、最後の部分に意識を集中しましょう。ここでも、女性の最後の発言から（B）の On

Wednesday とわかります。

訳　問題 1 ～ 3 は次の会話に関するものです。

M：もしもし、S&O Block 社人事部の Tony Wilburn と申します。あなたのインター
ネットでの応募資料を拝見し、大変よい印象を受けました。つきましては、採用
のための面接をさせていただきたいと思います。今週のどこかで弊社にお越しい
ただき、お話しさせていただけますか。

W：もちろんです。水曜日なら何時でも喜んでお伺いできるのですが。それで大丈夫
でしょうか。

M：おそらく大丈夫です。しかし、念のため確認してから、かけ直させてください。

1. 男性はどの部署で働いていますか。
   (A) 研究開発部
   (B) 広報部
   (C) 営業部
   (D) 人事部

2. 2 人は何について話していますか。
   (A) ビジネス研修
   (B) 就職の機会
   (C) 建設計画
   (D) 集中研修

3. いつ女性はその会社を訪れると思われますか。
   (A) 火曜日
   (B) 水曜日
   (C) 木曜日
   (D) 金曜日

WORDS ☐ opportunity（名 機会）　☐ intensive（形 集中的な）　☐ application（名 応募（書類））
☐ impress（他動 印象を与える）　☐ be delighted to *do*（喜んで…する）
☐ double-check（他動 再確認する）

音声を聞いて、次の問題に答えましょう。

1. Who is Mr. Rosvold?
   (A) A presenter
   (B) An instructor
   (C) A client
   (D) A journalist

2. What does the woman mean when she says, "is it true?"
   (A) She does not trust the man.
   (B) She is happy about the news.
   (C) The man's explanation is difficult.
   (D) She wants to reveal her secret.

3. When does the man think the project will start?
   (A) Within a couple of months
   (B) Within a few days
   (C) Sometime next year
   (D) In five weeks

解答と解説

1.

解説 女性の最初の発言 the new client と Mr. Rosvold の部分から、正解がわかります。

正解 (C)

2.

解説 表現の文脈での意味を問う問題で、前後をしっかり聞いていることが大事です。女性は is it true? の後、I'm getting excited. と喜んでいるので、女性が嬉しがっていることを表す、She is happy about the news. の (B) が正解です。

正解 (B)

3.

解説 When does the man think とあるので、男性の発言に注意します。最後のところで within a couple of days, I gather と言っているので、(B) が正解になります。

正解 (B)

🔊 スクリプト W: 🇦🇺 M: 🇬🇧

Questions 1 through 3 refer to the following conversation.

W: Hey, Darin. How did the meeting yesterday go with the new client, um ... what's his name, oh, yes ... Mr. Rosvold? Did he like our proposal?

M: Oh, I forgot to tell you. Yes, he called it fabulous, and he wanted us to go ahead as soon as possible.

W: Wow, is it true? I'm getting excited. By the way, when do you think the project will actually get started?

M: Well, first, I have to send Mr. Rosvold a cost estimate. I'll do it today. Once we get his approval, we can work on it very quickly. So, within a couple of days, I gather.

訳 問題 1 ～ 3 は次の会話に関するものです。

　W：あら、ダリン。新しい顧客、ええと名前は何と言ったかしら…そう、Rosvold さんとの昨日の会議はどうだった？ 私たちの提案を気に入ったかしら。

　M：ああ、話すのを忘れていたよ。そう、彼はすばらしいと言ってくれて、できるだけ早く進めてほしいって言ってたよ。

　W：本当なの。すごいわね。ワクワクしてきたわ。ところで、実際にはいつプロジェクトを始めることになるのかしら。

　M：最初に、Rosvold さんに見積書を送らないといけない。それは今日やるよ。彼の承認が下り

たら、すぐにプロジェクトを始めることになるだろう。だから、おそらく数日のうちにって ことになるかな。

1. Rosvold さんとは誰ですか。
   (A) 発表者
   (B) 講師
   (C) 顧客
   (D) 記者

2. 女性が "is it true?" と言っているのはどういう意味ですか。
   (A) 女性は男性を信用していない。
   (B) 女性はその知らせに喜んでいる。
   (C) 男性の説明は難しい。
   (D) 女性は秘密を打ち明けたがっている。

3. 男性はいつプロジェクトが始まると考えていますか。
   (A) 数か月以内に
   (B) 数日以内に
   (C) 来年のいつか
   (D) 5 週間後に

WORDS
□ proposal（名 提案〔書〕）　□ fabulous（形 すばらしい）
□ as soon as possible（できるだけ早く）　□ cost estimate（名 見積書）
□ approval（名 是認、承認）

▶ Part 3のルールのまとめ ▶ 106〜107ページを参照

UNIT 11
「次の行動」は、
会話の後半でわかる

POINT

会話の内容に基づいて起こす「次の行動」を問う設問は、通常3問目で出題されます。普通、会話の後半部分に未来を表す表現とともにヒントとなる情報が述べられるので、解答の際には後半部分に意識を集中しましょう。

次の例題で、実際に解き方を確認してみましょう。まず、設問を先読みし、聞き取りのポイントを押さえましょう。

1. Where most likely are the speakers?
  (A) In a car repair shop
  (B) At a train station
  (C) In an office
  (D) In a restaurant

ルール **35**

probably / most likely のある設問は文脈の理解が問われる

2. What is wrong with the woman's car?
  (A) A window is broken.
  (B) The engine does not work well.
  (C) It has a flat tire.
  (D) A door is damaged.

ルール **31**

否定的な内容には注意する

3. What does the man offer to do?
  (A) Get the woman a taxi
  (B) Repair the woman's car
  (C) See the woman off
  (D) Give the woman a ride

ルール **36**

「次の行動」のヒントは会話の後半にある

次に、設問の答えを探しながら、音声を聞いてみましょう（問題冊子にはスクリプトは印刷されていません）。

TRACK 28

📄 スクリプト

Questions 1 through 3 refer to the following conversation.

W: Wow, it's showering outside. The weather forecast didn't say it would rain today. I didn't bring an umbrella with me.

設問 1 のヒント

M: I have some extra ones in my locker. If you want, you can take one. By the way, why didn't you drive here today?

設問 2 のヒント

W: Well, I took my car to the repair shop on Hawthorn Street yesterday because the engine hasn't been running well these past few weeks. I'm supposed to get it back today after six.

M: So, you have to walk to Hawthorn Street on your way home? It's too far. Let me give you a ride to the body shop. We can leave the office together.

設問 3 のヒント

設問 4 のヒント

ルール 35 probably / most likelyのある設問は文脈の理解が問われる

設問1の「場所」を問う設問文は most likely がついています。設問文にこの語句、あるいは probably がついている場合は、たいてい会話の最初ではっきり場所が述べられることはありません。関連語句を拾いながら、会話の流れを押さえて回答するようになっています。

「詳細情報」に関する設問は、ほぼ会話の流れと同じ順序に並んでいますので、まずは設問2の「車」の情報を聞き取って解答します。設問3の「次の行動」は会話の後半部分にヒントがあるので、その次に解答し、最後に1問目の「場所」の設問に戻って回答するのも1つの手です。

ルール 31 否定的な内容には注意する

設問2のように、登場人物の身に起こった問題や心配事は、"What is wrong with the woman car?" "What is the woman concerned about?" "What is the problem?" などという設問でよく問われるので聞き逃さないようにするのが大切です。ここでは、男性が why didn't you drive here today? の後で、「車は修理に出している、エンジンの調子が悪いから」と答えている箇所を聞き逃さないことが大事です。

ルール 36 「次の行動」、「未来の行動」のヒントは会話の後半にある

「次の行動」や「未来の行動」を問う設問は、3問目に出題されることが多いです。会話が終わる直前に、未来を表す表現（will ...）、提案（Shall [Should] we ...? / Why don't we ...? / How about ...?）、申し出（let me ...）、依頼（could you ...?）、勧誘（Why don't you ...?）、助言（You should ... / I recommend ...）に続く形でヒントが語られることが多いので、後半に注意して聞くことが大事です。

ここでは、設問文の主語が the man なので、男性の最後の発言に注意して聞くと、「そこまで車で乗せていくよ」と、Let me ... で始まる正解のヒントがあります。

訳　問題1〜3は次の会話に関するものです。
W：あら、外は雨が降ってる。天気予報では今日が雨だって言っていなかったのに。傘を持ってきてないわ。
M：予備の傘がロッカーにあるんだ。1本持っていっていいよ。ところで、今日はな

ぜ車で来なかったの。

W：ええ、ここ何週間かエンジンの調子がよくないので、昨日 Hawthorn 通りの修理店に持っていったの。今日の 6 時過ぎに引き取ることになっているの。

M：それじゃ、家に帰った後、Hawthorn 通りまで歩かなきゃいけないのかい。遠すぎるよ。修理工場まで車で乗せていくよ。一緒に会社を出ればいいさ。

1. 2 人はどこにいると思われますか。
   (A) 車の修理店
   (B) 電車の駅
   (C) オフィス
   (D) レストラン

2. 女性の車の何が問題なのですか。
   (A) 窓が壊れている。
   (B) エンジンがうまく作動しない。
   (C) タイヤがパンクしている。
   (D) ドアが壊れている。

3. 男性は何を申し出ていますか。
   (A) 女性から傘を借りる
   (B) 女性の車を修理する
   (C) 女性を見送る
   (D) 女性を車に乗せてあげる

WORDS　　repair shop（**名** 修理店）　　have a flat tire（タイヤがパンクしている）
　　give X a ride（X を車に乗せる）　　shower（**自動** にわか雨が降る）
　　extra（**形** 余分の）　　body shop（**名** 自動車修理工場）

練習問題

音声を聞いて、次の問題に答えましょう。

1. What are the speakers talking about?

（A） A training session

（B） A transfer possibility

（C） A salary raise

（D） An international merger possibility

2. What is the man concerned about?

（A） Insufficient language skills

（B） Leaving North America

（C） No experience living abroad

（D） Poor product management skills

UNIT
11

3. What does the woman suggest the man do next?

（A） Send an e-mail

（B） Give up the position

（C） Come back from Zurich

（D） Learn French

1.

解説 「話題」を問う問題。チューリッヒでの職に空きができ、それに応募しよ
うか迷っているという話の流れから、(B) が正解とわかります。

正解 (B)

2.

解説 設問文に concerned とある場合は、マイナスの要素を探します。My
problem is 以降を注意して聞くと、「国際経験がないことが問題」と言っ
ているので、(C) が正解とわかります。(A)、(B)、(D) は、フランス
語とドイツ語が話せる、ヨーロッパに住みたがっていた、生産管理が得意、
と述べている女性の発言と矛盾するので、いずれも不正解。

正解 (C)

3.

解説 「次の行動」を問う問題なので、後半部分に注意します。女性の最後の発
言にある Why don't you contact Kenny? と Do you know his e-mail
address? が聞き取れれば、(A) が正解とわかります。

正解 (A)

スクリプト *M:* 🇺🇸 *W:* 🇦🇺

Questions 1 through 3 refer to the following conversation.

M: Did you see the company e-mail today? Kenny Heitzman is coming back, and our Zurich office is looking for somebody to replace him. I was wondering if I should apply for it.

W: You must be the best candidate for the position—you're good at product management and speak French and German. Plus, you have always wanted to live in Europe.

M: Right, but I'm afraid I'll be underqualified. My problem is a lack of international experience. The e-mail says they want somebody who has lived abroad for at least one year. You know, I haven't even been outside of North America.

W: Oh, Danny, don't give up too quickly. Why don't you contact Kenny? He will probably give you some advice. Do you have his e-mail address?

訳 問題 1〜3 は次の会話に関するものです。

M:今日の会社の E メール見た ? Kenny Heitzman が戻ってきて、彼の後任者をチューリッヒ
支社が探しているっていうんだけど、応募してみようかな…。

W:あなたはその職に適任だと思うわ。あなたは製品管理が得意だし、フランス語とドイツ語が
話せるのだから、絶対申し込むべきだと思うわ。それに、ずっとヨーロッパに住みたいって

言ってたじゃない。

M：そうだけど、ぼくは資格が十分ではないかもしれない。問題は国際経験がないことなんだ。E メールには、最低 1 年は海外に住んだことがある人を求めていると書いてあったんだ。ぼくが北米から出たことがないことは知ってるよね。

W：もう、Danny、そんなにすぐにあきらめないで。Kenny に連絡してみたら。何かアドバイスをくれるかもしれないわ。彼の E メールアドレスは知ってる？

1. 2 人は何について話していますか。
   - (A) 研修
   - (B) 転勤の可能性
   - (C) 昇給
   - (D) 国際的な合併の可能性

2. 男性が心配していることは何ですか。
   - (A) 語学力が不十分なこと
   - (B) 北米を離れること
   - (C) 海外在住経験がないこと
   - (D) 生産管理能力が乏しいこと

3. 女性は男性に次に何をするように勧めていますか。
   - (A) E メールを送る
   - (B) 職をあきらめる
   - (C) チューリッヒから戻る
   - (D) フランス語を習う

WORDS　■ replace（他動 取って替わる）　■ apply for X（X に応募する）
　■ candidate（名 候補者）　■ position（名 職）
　■ underqualified（形 資格が満たされていない）　■ a lack of X（X の不足）

◢ Part 3のルールのまとめ ➤ 106〜107ページを参照

PART 3 ルールリスト

UNIT 8 ～ 11 で学習したルールをもう一度確認しましょう。Part 3 では、音声が流れる前に設問を先読みしておくことが大切です。自信のない項目については、しっかり復習しておきましょう。

UNIT08 「場所」、「職業」は関連語句から推測しよう

☐ ルール **26**	会話の構造をつかむ	CHECK ❯ 80ページ
☐ ルール **27**	関連語句から場所を推測する	CHECK ❯ 80ページ
☐ ルール **28**	会話の流れに沿った詳細を押さえる	CHECK ❯ 80ページ
☐ ルール **29**	機能表現に注意する	CHECK ❯ 80ページ

UNIT09 「話題・テーマ」は、冒頭部分に注意

☐ ルール **30**	「話題・テーマ」の設問は冒頭に注意する	CHECK ❯ 87ページ
☐ ルール **31**	否定的な内容には注意する	CHECK ❯ 87ページ
☐ ルール **32**	会話の後半部にも注意する	CHECK ❯ 87ページ

UNIT10 ヒントになる情報は通常順番どおりに来る

☐ ルール **33**	部署名の英語は覚えておく	CHECK ❯ 94ページ
☐ ルール **34**	言い換えに注意する	CHECK ❯ 94ページ

UNIT11 「次の行動」は、会話の後半でわかる

PART 4

説明文
問題

UNIT 12
電話は「話し手／聞き手」、「用件」、「行動」をとらえる

POINT

電話に関しては、留守番電話の録音メッセージに加え、自動音声の受付メッセージなども出題されます。いずれも、「話し手」や「聞き手」は誰か、メッセージの「用件・目的」は何か、「聞き手がとるべき行動」は何かがよく問われます。

次の例題で、実際に解き方を確認してみましょう。

1. What department does the woman work in? ←

(A) Sales
(B) Maintenance
(C) Engineering
(D) Accounting

> ルール **37**
>
> 「話し手」、「聞き手」の情報は冒頭部分にある

2. What is the problem? ←

(A) A form has not been submitted.
(B) An important e-mail has been lost.
(C) A train has been delayed.
(D) A number was not recorded.

> ルール **38**
>
> 「目的・用件」は冒頭部分を聞く

3. What is Mr. Berg asked to do? ←

(A) Pay her travel expenses
(B) Extend the deadline
(C) Send her a form
(D) Request some paid holidays

> ルール **39**
>
> 「聞き手が取るべき行動」は後半に注意する

次に、音声を聞いてみましょう（問題冊子にはスクリプトは印刷されていません）。

TRACK **30**

🔒 スクリプト

Questions 1 through 3 refer to the following telephone message.

Hello, this is Rie Karlowski from the accounting ← 　設問 1 のヒント
department calling for Eric Berg in the sales
department. According to our records, we ← 　設問 2 のヒント
haven't received your monthly transportation
expenses form yet. As you know, it should be
submitted no later than the 20th day of every
month and yesterday was the due date. As a
rule, requests after the due date are not
granted. However, this time I will take care of
the matter if you turn in the form by 5:00 today.
So, please send me the transportation request ← 　設問 3 のヒント
form by e-mail right away. I appreciate your
quick response.

UNIT
12

❗ トークの構造
1) **冒頭部**　名前を名乗る／聞き手への呼びかけ／用件を伝える
⬇
2) **中間部**　用件に対しての状況／詳細を知らせる
⬇
3) **後半部**　1）2）を受けて相手に行動を促す／トークの終了

ルール37 「話し手」、「聞き手」の情報は、冒頭部分にある

　電話では「話し手」と「聞き手」が誰か、どんな関係なのかを把握しておくことが大切です。ビジネスの電話では、最初に名前と会社、役職名を名乗るのが一般的ですので、「話し手」の情報については冒頭部分に集中しましょう。

　設問 1 では女性の所属する部署が問われていますので、まず音声を聞いて「話し手」が男性か女性かを確認します。すると、「話し手」は女性で、冒頭の発言 this is Rie Karlowski from the accounting department から、(D) Accounting が正解とわかります。(A) Sales は、メッセージの「聞き手」である Eric Berg の部署名です。

ルール38 「目的・用件」、「話題・テーマ」は冒頭部分を聞く

　概要を問う問題、たとえば,「目的・用件」については、What is the purpose of the message? の形で問われることが多いのですが、ヒントは比較的前の方で述べられます。設問2 では、「何が問題なのか」が問われていますが、電話の「用件」に当たるものだと推測できます。「問題」というのは普通否定的な要素を含んでいます。ここでは、最初の方に we haven't received your monthly transportation expenses form yet. という発言があります。「用件」、つまり「問題が何か」がわかります。

ルール39 「聞き手が取るべき行動」は後半に注意する

「聞き手が取るべき行動」については、メッセージの後半部分で、聞き手に何かを依頼、助言する形で述べられます。ここでは Please *do* が使われています。ルール29 でも学びましたが、Part 3 同様、未来で話し手・聞き手がとる（べき）行動はトークの最後のほうでなされます。この種の表現の直後は聞き逃さないようにしましょう。

訳　問題 1〜3 は次の電話のメッセージに関するものです。
　もしもし、経理部の Rie Karlowski ですが、営業部の Eric Berg さんにお電話しております。こちらの記録によりますと、まだあなたの月別交通費請求書をお預かりしていません。ご存じのように、毎月 20 日までに提出することになっており、昨日が締め切り日でした。普通は、締め切り日を過ぎてからの申し出は認められないことになっています。しかし、今回は本日 5 時までに書類を提出していただければ、私の方で処

理いたします。ですから、すぐに交通費請求書をEメールでこちらにお送りください。お早めにご対応いただけると助かります。

1. 女性はどこの部署で働いていますか。
   (A) 営業部
   (B) 保全部
   (C) 技術部
   (D) 経理部

2. 何が問題なのですか。
   (A) 書類がまだ提出されていない。
   (B) 重要なEメールを見失った。
   (C) 電車が遅れている。
   (D) 番号が記録されていなかった。

3. Berg さんが頼まれたことは何ですか。
   (A) 女性の交通費を支払う
   (B) 締め切りを延ばす
   (C) 女性に書類を送る
   (D) 有給休暇を要求する

UNIT
12

WORDS
  ☐ submit（他動 提出する）　☐ extend（他動 延長する）　☐ deadline（名 締め切り）
  ☐ paid holiday（名 有給休暇）　☐ accounting department（名 経理部）
  ☐ transportation expenses（名 交通費）　☐ no later than X（X までに）
  ☐ due date（〔= deadline〕名 締め切り）　☐ grant（他動 許可する）
  ☐ turn X in（X を提出する）

音声を聞いて、次の問題に答えましょう。

John's schedule			
Monday	Tuesday	Wednesday	Thursday
Go to the bank	Cancel electric service	Talk to Ms. Kishi	Moving Day

1. What type of business is Smallville Co.?

(A) An energy service

(B) A computer retailer

(C) A publishing company

(D) A consulting firm

2. Look at the graphic. On what day is John going to press 3?

(A) Monday

(B) Tuesday

(C) Wednesday

(D) Thursday

3. Other than calling, how could the listener contact Smallville Co.?

(A) Press 9

(B) Send an e-mail

(C) Go to a Web site

(D) Visit an office

解答と解説

1.

解説 「業種」を問う設問。企業などの電話自動メッセージでは、企業名は冒頭で述べられます。We have been offering electric services とありますが、この electric services が選択肢（A）では energy service と言い換えられています。メッセージに繰り返し出てくる press には、「新聞」、「雑誌」などの意味もあり、（C）の publishing company はこの意味にひっかけた選択肢になっています。また、（B）、（D）については言及がありません。

正解 (A)

2.

解説 図表問題です。To cancel your service, press 3 とあるので 3 番を押すのは契約を辞める時です。図表で cancel electric service とあるのは火曜日なのでこれが正解です。

正解 (B)

3.

解説 「連絡方法」を問う設問。連絡方法については、最後の方で述べられるのが一般的です。〈to ＋動詞 , press ＋番号〉のパターンが終わったら、次の情報が述べられる可能性が高いので、注意して聞きましょう。連絡方法では、電話、E メール、ファックス、郵便、ウェブサイト、直接出向く以外の選択肢は考えにくいので、メッセージの最後の方でこれらの表現を狙って待っていれば確実に対処できます。

正解 (B)

🔊 **スクリプト**

Questions 1 through 3 refer to the following recorded message and schedule.
Thank you for calling Smallville Co. We have been offering electric services to people in Toronto for over 30 years. Please listen to the instructions and choose from the following options. To check your balance, press 1. To change your billing address, press 2. To cancel your service, press 3. To speak to a customer service representative, press 0. To end this call, press 4. To hear these options again, press 9. Also, if you are unable to hold, you may e-mail us at customer@smallville.com. We will get back to you shortly. Thank you again for choosing Smallville Co.

訳 問題 1～3 は次の録音メッセージとスケジュールに関するものです。

Smallville 社にお電話いただき、ありがとうございます。弊社は 30 年以上もトロントで電気を
お客様にお届けさせていただいております。指示に従って、必要なサービスをお選びください。
残高のご確認でしたら 1 を、請求書のお届け先住所の変更でしたら 2 を、サービスを停止なさ
る場合は 3 を、お客様サービス担当者と直接お話しなさりたい場合は 0 を押してください。こ
の通話をお止めになる場合は 4 を、この案内をもう一度お聞きになりたい場合は 9 を押してく
ださい。また、もし電話口でお待ちになれない場合は、customer@smallville.com に E メール
をお送りください。すぐにこちらからご連絡差し上げます。Smallville 社をご利用いただき、あ
りがとうございます。

John のスケジュール			
月曜日	火曜日	水曜日	木曜日
銀行に行く	電気の契約をやめる	Kishi さんと話をする	引越しの日

1. Smallville はどのような業種ですか。
   (A) エネルギー・サービス
   (B) コンピューターの小売店
   (C) 出版社
   (D) コンサルティング会社

2. 図表を見てください。John が 3 番を押すのは何日ですか。
   (A) 月曜日
   (B) 火曜日
   (C) 水曜日
   (D) 木曜日

3. 電話以外で、顧客サービス担当者に連絡できる方法は何ですか。
   (A) 9 番をダイヤルする
   (B) E メールを送る
   (C) ホームページにアクセスする
   (D) 直接店に行く

WORDS ☐ cancel（他動 取りやめる、中止する）　☐ option（名 選択肢）
       ☐ get back to X（X に折り返し連絡する）　☐ shortly（副 すぐに）

COLUMN

リスニングのコツ①
聞き取れないのは、「音」の問題か「意味」の問題か

リスニングを苦手としている人はたくさんいます。具体的なリスニング対策を始める前に、自分がなぜ聞き取れないのかをしっかり分析しておく必要があります。まず、聞き取ろうと思っている音声素材のスクリプトを読んでみると、自分の弱点がハッキリします。英文が問題なく読めるのに、聞き取れないのであれば、英語の「音」の認識に問題があります。発音を誤って覚えている単語があったり、英語のリズム・イントネーション・音変化に慣れていないので聞き取れないのでしょう。この場合は意味がすでにわかっている英文を音声だけで認識できるように何度も同じ教材を繰り返し聞いてみてください。逆に、時間をかけないと英文が正確に読めないような場合は、「意味」を理解するのに問題があるので、語彙や文法、あるいは情報を頭から一度に処理することなど、音以外の対策も必要かもしれません。いずれにせよ、1）ある程度わかる教材を使う、2）わからない部分は繰り返し聞く、をリスニング対策の基本としてください。

▶ Part 4のルールのまとめ ＞ 150〜151ページを参照

UNIT 13
アナウンスは、「場所」、「目的」、「聞き手」を押さえる

POINT

全体的な内容としては、「場所」、「目的」、「聞き手」など、詳細内容としては、「変更内容」、「聞き手がすべきこと・してはならないこと」、「次の行動」などが問われます。**いずれも冒頭部分と最後をしっかり聞くことが重要です。**

次の例題で、実際に解き方を確認してみましょう。

1. Where is the talk taking place?
   - (A) In a movie theater
   - (B) In a tourist office
   - (C) In a bookstore
   - (D) In a museum

ルール **40**

「場所」の情報は冒頭を聞く

2. What does the speaker mention about the second floor?
   - (A) It is being renovated.
   - (B) Admission is free of charge.
   - (C) Collections are on display.
   - (D) People can watch some movies.

ルール **41**

詳細情報は整理しながら聞く

3. What is not allowed in the building?
   - (A) Getting close to the items
   - (B) Taking pictures
   - (C) Writing something down
   - (D) Entering the second floor

ルール **39**

「聞き手が取るべき行動」は後半に注意する

次に、音声を聞いてみましょう（問題冊子にはスクリプトは印刷されていません）。

🔲 スクリプト

Questions 1 through 3 refer to the following announcement.

Welcome to the Ellery Queen Museum. I am Bob Ashcroft, and I'll be your guide today. This museum displays collections related to Ellery Queen, one of the most famous detectives in the world of mystery fiction. Let me briefly give you today's schedule. First, we're going to watch a short movie about the great detective here. Then, we'll go up to the second floor to see the collections. There's one thing I have to remind you of. It is okay to take a close look at the collections and to take notes, if you want. However, no photos are allowed. I appreciate your cooperation. Now, the movie will start.

設問 1 のヒント

設問 2 のヒント

設問 3 のヒント

UNIT
13

❗ トークの構造

1) **冒頭部**　あいさつ／場所についての短い説明／これから何を述べるのかアウトラインを示す

⬇

2) **中間部**　具体的なスケジュール／映画→2階でコレクションを見学

⬇

3) **後半部**　注意事項／トークの終了

アナウンスでは、「場所」に関する情報は冒頭に示されます。Part 4では、設問の答えが冒頭で述べられることが多いので、とにかく冒頭部分にしっかり集中することが大切です。

ここでも定石どおり、場所を表す語句 the Ellery Queen Museum が冒頭部分に述べられます。Welcome to ... はツアーガイド役の人が用いる表現の定番です。ここを聞き逃しても、次の This museum が聞き取れれば、正解はすぐに (D) とわかりますね。ただし、冒頭部分を聞き逃すと、display, movie などの単語から、違う選択肢を選んでしまうおそれがあります。

ルール41 会話の中間部の詳細情報を整理して聞く

このようなツアーガイダンスの場合、これから見学する予定を述べるのが普通です。1つ1つ順番に述べていくはずなので、聞きながら頭の中で整理していくことが大事です。ここでは、First, Then, というマーカーとともに、まず映画、その後に2階でコレクションを見ていくところをつかまえられるかが解答のカギになっています。

ルール39 「聞き手が取るべき行動」は後半に注意する

一般的にアナウンスの最後では「次に何をするか」という未来への行動が述べられます。ツアーガイドで多いのは、ガイド役の人がすぐ次に行う動作に加えて、「注意事項」や「集合場所・時間」などが述べられることが多く、これらが問題でよく問われます。

訳　問題1〜3は次のお知らせに関するものです。
Ellery Queen 博物館へようこそ。私は本日のガイドを務める、Bob Ashcroft です。この博物館では、推理小説の世界で最も有名な探偵の1人、Ellery Queen に関するコレクションを展示しております。本日の予定について簡単にお話しします。最初にこの名探偵についての短い映画を鑑賞します。その後、2階で展示品を見ます。映画を見る前に1つだけお願いがあります。ご希望であれば、近寄って展示品をご覧になったり、メモをとったりしても構いません。ですが、写真はご遠慮ください。ご協力よろしくお願いいたします。それでは、映画が始まります。

1. 話し手はどこにいますか。
   (A) 映画館
   (B) 観光案内所
   (C) 書店
   (D) 博物館

2. 話し手は2階について何と言っていますか。
   (A) 改修中である。
   (B) 入場料は無料である。
   (C) コレクションが展示品されている。
   (D) いくつかの映画が見られる。

3. 建物内で禁じられていることは何ですか。
   (A) 品物に近寄って見ること
   (B) 写真を撮ること
   (C) 何かを書きとめること
   (D) 2階に行くこと

WORDS ☐ tourist office （图 観光案内所） ☐ museum （图 美術館、博物館）
☐ renovate （他動 改修する） ☐ admission （图 入場料） ☐ free of charge （無料で）
☐ be on display （展示されている） ☐ collection （图 展示品）
☐ related to X （Xに関する） ☐ detective （图 探偵、刑事）
☐ remind X of Y （XにYのことで念を押す） ☐ take notes （メモをとる）
☐ appreciate （他動 感謝する）

音声を聞いて、次の問題に答えましょう。

1. Where is the announcement most likely heard?
   (A) In Glasgow
   (B) At an airport
   (C) At a train station
   (D) In a training center

2. What has delayed the train?
   (A) Inclement weather
   (B) Road construction
   (C) An object on the rails
   (D) A driver's sickness

3. When will the train reach Barrow?
   (A) In about 15 minutes
   (B) In about 20 minutes
   (C) In about 40 minutes
   (D) In about 50 minutes

解答と解説

1.

解説 「場所」を問う設問なので、冒頭をしっかり聞きます。最初の文 Thank you for using the London Rail Service. や、次の文の最初の部分 The 2:45 train から、電車に関する場所と判断できます。

正解 (C)

2.

解説 「詳細情報」を問う設問。第2文の due to something placed on the rails の部分が聞き取れれば、(C) が選べます。ここを聞き逃してしまっても、以降の the unidentified object was found on the rails and the driver stopped the train for safety reasons の部分で、線路上に不審物が見つかって、運転手が電車を止めた経緯が述べられているので、ここからも判断できます。(A)、(B) については言及されていないので不正解ですが、鉄道・交通関係の問題でよく使われる表現なので覚えておきましょう。

正解 (C)

UNIT
13

3.

解説 「未来に起こること」が問われているので、「次の行動」と同じように、説明文の後半部分に注意します。The train will probably be arriving at Barrow in about 15 minutes. の部分から、(A) を選ぶことができます。ここをしっかり聞いていたのに (D) を選んでしまった場合は、細かい音を聞き取る力を磨く必要があるかもしれません。音声を繰り返し聞いて、fifteen と fifty の音の区別ができるようにしておきましょう。

正解 (A)

スクリプト

Questions 1 through 3 refer to the following announcement.
Thank you for using the London Rail Service. The 2:45 train for Glasgow is delayed due to something placed on the rails. The train is between Blackpool and Barrow, and it has been there since 2:20 when the unidentified object was found on the rails and the driver stopped the train for safety reasons. We've just been notified that the object has been removed and the train is preparing to start. The train will probably be arriving at Barrow

in about 15 minutes. Sorry for this inconvenience. We appreciate your understanding.

訳 問題 1-3 は次のお知らせに関するものです。

ロンドン鉄道サービスをご利用いただきありがとうございます。グラスゴー行きの2時45分の電車は、線路に置かれた不審物のために遅れています。電車は現在 Blackpool と Barrow の間で、運転手が線路の上の不審物に気づき、安全上の理由で2時20分に電車を止めてから、停車中です。ただ今知らせが入り、不審物は撤去され、電車は出発の準備をしているということです。おそらく、あと15分ほどで Barrow 駅に到着するものと思われます。ご不便をおかけしてお申し訳ございません。みなさまのご理解に感謝いたします。

1. このお知らせはどこで聞かれると思われますか。
   (A) グラスゴー
   (B) 空港
   (C) 鉄道の駅
   (D) トレーニングセンター

2. 電車はなぜ遅れているのですか。
   (A) 天候のせいで
   (B) 道路工事のため
   (C) 線路上に物があるため
   (D) 運転手の病気のため

3. 電車が Barrow 駅に到着するのはいつですか。
   (A) 約15分で
   (B) 約20分で
   (C) 約40分で
   (D) 約50分で

WORDS
- delay（他動 遅らせる）　■ object（名 物体）　■ rail（名 線路）
- due to X（X が原因で）　■ unidentified（形 未確認の）　■ safety（名 安全〔性〕）
- notify（他動 知らせる）　■ remove（他動 取り除く）　■ inconvenience（名 不便）

124

COLUMN

リスニングのコツ②
音読とは何か

リスニングの上達法として、多くの人が「音読」を勧めています。やり方次
第で「音読」は効果的を生みますが、機械的に英文を声に出して読むだけで
はリスニング能力のアップは期待できません。音声素材を繰り返し聞き、そ
の後でまだ意識にある音声の記憶を頼りに、必要と思われる英文を口に出
すことが大切です。この作業を繰り返すことで、「聞こえるはずだと考える
音」と「実際の音」のギャップを埋めると同時に自分が声を出すことで学ば
なければいけない英文を意識に留めることが可能になるからです。目的のな
い「音読」はほとんど効果はないと考えてください。問題意識を持って正し
い音を口から出すことが大切です。自分が発音を覚えていない単語があれば
きちんと確認することも必要です。あまりに問題があれば発音を見直してみ
ることも一法です。①強勢（stress）のある母音をはっきりと発音すること、
②/p/ を「ぷ」、/t/ を「と」のように存在しない母音を子音の後につけないこと、
③リズムとイントネーションに注意することをするだけで大きく変わってき
ます。

❯Part 4のルールのまとめ ❯150〜151ページを参照

UNIT14
スピーチは、構成を踏まえて内容を予測する

POINT

スピーチでよく取り上げられる「話題」は、会社を辞める人・新しく入ってくる人の紹介や、受賞に関するものです。**スピーチの聞き取りでは、「話題」「話し手」や紹介される人物の「肩書き・職業」などに注意しましょう。**

次の例題で、実際に解き方を確認してみましょう。

1. What is the purpose of the speech?

(A) To finalize a design
(B) To promote a new product
(C) To announce a new employee
(D) To launch a new project

> ルール **38**
> 「目的・用件」は冒頭部分を聞く

2. Who most likely is the speaker?

(A) A production manager
(B) A graphic designer
(C) The director of marketing
(D) The head of the company

> ルール **42**
> 「肩書き・職業」は人物関係を整理する

3. What will probably happen next?

(A) A different speaker will talk.
(B) A work schedule will be provided.
(C) Some listeners will ask questions.
(D) A logo design will be presented.

> ルール **43**
> 「次に起こること」は後半に注意する

次に、音声を聞いてみましょう(問題冊子にはスクリプトは印刷されていません)。

TRACK 34

🔒 スクリプト

Questions 1 through 3 refer to the following speech.

I'd like to take a few minutes to introduce the ← 設問 1 のヒント
newest addition to our team, Jennifer O'Brien.
Jennifer completed a bachelor's degree in
Computer Graphics at South Elmore University
and has been working for L&M Designing Co.
ever since. As you know, L&M is the leading
firm in our industry, and she was responsible
for some major projects at the firm. She will be

UNIT
14

welcomed as AweCom's new production
manager and will be joining our team from
April 3rd. As AweCom's president, I knew the ← 設問 2 のヒント
only thing our great young creative team didn't
have was an experienced manager, but now
we've found her. So, now give a warm ← 設問 3 のヒント
welcome to our new production manager,
Jennifer O'Brien.

❗ トークの構造

1) **冒頭部**　聞き手に注意を向ける／話題を切り出す

　　　↓

2) **中間部**　話題に対しての詳細情報を述べる

　　　↓

3) **後半部**　2) で述べた詳細についてのコメント／トークの終了

127

「目的・用件」、「話題・テーマ」は冒頭部分を聞く

日常会話とは違って、スピーチではきちんとした形式で述べることが求められます。スピーチの「目的」は冒頭で述べられることが多いので、冒頭部分がしっかり聞き取れれば対処できます。

「肩書き・職業」は人物関係を整理しながら聞く

設問2は他に比べるとやや難しい問題です。Part 4 の Who で始まる設問文では、人物名ではなく「肩書き・職業」が問われます。話し手の役職だけでなく、紹介されている人物の役職が問われることもあるので、人物関係を整理しながら聞き、話の中心となる人物の肩書・役職を聞き逃さないようにしましょう。

また、パッセージの中で、選択肢と同じ役職名が使われることはまれです。音声では AweCom's president と述べられていますが、正解の（D）では、The head of the company と言い換えられています。

「次に起こること」は後半に注意する

next を使って「次に起こること」や「次の行動」を問う設問は、スピーチの最後に正解のヒントがあります。後半部分に注意して聞きましょう。例題では、最後に「それでは紹介します」と言っているので、次は Jennifer さんが挨拶をすると推測できます。

訳 問題1～3は次のスピーチに関するものです。
ここで少しお時間をいただき、わが社に加わる最も新しい仲間、Jennifer O'Brien さんをご紹介したいと思います。Jennifer さんは、1997年に South Elmore 大学でコンピュータ・グラフィックスの学士号を取得されてから、L&M Designing 社に勤務してきました。みなさんもご存じのように、L&M 社はこの業界の大手で、彼女はそこの主要なプロジェクトの責任者でした。彼女は AweCom 社の新しい生産部長として迎えられ、4月3日よりわが社の一員になります。私は AweCom 社の社長として、この創造的で若いチームに唯一欠けているものは、経験ある部長だと気づいていましたが、今私たちは彼女という存在を見いだしました。それでは、わが社の新しい生産部長、Jennifer O'Brien さんをご紹介しましょう。

1. スピーチの目的は何ですか。
   （A）デザインを完成させる
   （B）新製品の販売促進をする

　　(C) 新しい従業員を紹介する
　　(D) 新しいプロジェクトを始める

2. 話し手は誰だと思われますか。
　　(A) 生産部長
　　(B) グラフィック・デザイナー
　　(C) マーケティング部長
　　(D) この会社の社長

3. 次に何が起こると思われますか。
　　(A) 別の話し手が話す。
　　(B) 仕事のスケジュールが渡される。
　　(C) 聞き手が質問をする。
　　(D) ロゴのデザインが発表される。

WORDS　☐ finalize（他動 完成させる）　☐ promote（他動 促進する）
　　☐ announce（他動 知らせる）　☐ launch（他動 始める）
　　☐ addition（名 加えられるもの・人）　☐ complete（他動 修了する）
　　☐ leading（形 首位を占める）　☐ firm（名 会社）☐ industry（名 産業〔界〕）
　　☐ be responsible for X（X の責任を負う）　☐ creative（形 創造的な）

UNIT
14

音声を聞いて、次の問題に答えましょう。

1. What is the purpose of this speech?
   (A) To advertise a new studio
   (B) To celebrate a company's anniversary
   (C) To announce an opening
   (D) To honor a retiring employee

2. Why does the speaker say, "This growth wouldn't have been achieved without him"?
   (A) To recognize a great contributor
   (B) To report a technical problem
   (C) To suggest a realistic solution
   (D) To encourage greater participation

3. According to the speaker, what will Mr. Pratt do?
   (A) Become chief studio director
   (B) Start his own business
   (C) Help young directors
   (D) Enter Kaufmann Studio

解答と解説

1.

解説 「目的・話題」を問う設問。冒頭に注意して聞くと、to honor Jason Pratt, who has devoted 27 years of his life to our company と述べられるので、会社に貢献した人をたたえていることがわかります。

正解 (D)

2.

解説 トーク中の発言の「意図」を問う設問。このような場合は、文脈をきちんと押さえて、正しい答えを選ぶ方法が有効です。1のように会社に貢献した人をたたえるトークなので、それにちなんだ選択肢を選ぶ必要があります。

正解 (A)

3.

解説 「未来の行動」を問う設問なので、スピーチの後半部分に注意して聞きます。he will be successful in his new environment—at his own studio という箇所から、彼が自分のスタジオを作ることが推測できます。選択肢 (B) では、Start his own business と言い換えられています。正解に結びつく直接的なヒントはここだけなのですが、消去法で正解を見つけることもできます。(A) は As our chief director、(C) は He has been known for giving our young employees support、(D) は When he entered Kaufmann Studios が聞き取れれば、いずれも過去のことで不正解だと判断できます。

正解 (B)

🔊 **スクリプト** 🔳

Questions 1 through 3 refer to the following speech.

We are here to honor Jason Pratt, who has devoted 27 years of his life to our company. When he entered Kaufmann Studios—probably you won't believe this—it was a very small studio. Now, more than 6,000 people come to our studios to record every year. This growth wouldn't have been achieved without him. He has been known for giving our young employees support. As our chief director, and even after stepping out of the position, he has helped them get their recordings done properly. It's very sad to see him leave, but all of us hope he will be successful in his new environment—at his own studio.

Jason, please step forward to receive this gift, which shows our appreciation for your hard work at this company.

訳 問題1〜3は次のスピーチに関するものです。

私たちは、人生の27年をわが社に捧げてくれたJason Pratt氏の栄誉をたたえるためにここに集まっています。彼がKaufmann Studiosに入社したときは、信じられないかもしれませんが、とても小さなスタジオでした。今では、毎年6,000人を超える人々が録音のために私たちのスタジオにやってきます。彼の献身的な働きなしでは、この成功は成し遂げられなかったでしょう。彼は若い社員に適切なサポートをしてきたことで知られています。スタジオのチーフ・ディレクターとして、またその立場から引退した後も、多くの若いディレクターが録音をきちんと終えるのを手助けし続けました。彼が退職するのを目にするのは非常に悲しいのですが、私たちはみな、彼が新天地——自分のスタジオで成功することを望んでいます。Jasonさん、どうぞこちらにいらして、この贈り物を受け取ってください。この会社でのあなたの献身的な仕事に対する感謝の印です。

1. このスピーチの目的は何ですか。
   (A) 新しいスタジオの開業を知らせる
   (B) 会社の創立記念日を祝う
   (C) 若い人たちに入社するように頼む
   (D) 退職する従業員をたたえる

2. なぜ話し手は「この成長は彼なしでは成し遂げられなかった」と言ったのですか。
   (A) 貢献者を称えるため
   (B) 技術的な問題を報告するため
   (C) 現実的な解決策を提案するため
   (D) より多くの参加を呼びかけるため

3. 話し手によると、Prattさんは将来何をするつもりですか。
   (A) スタジオのチーフ・ディレクターになる
   (B) 起業する
   (C) 若いディレクターを手伝う
   (D) Kaufmann Studiosに入社する

WORDS ☐ advertise（他動 広告する） ☐ celebrate（他動 祝う） ☐ honor（他動 たたえる）
☐ recognize（他動 表彰する） ☐ contributor（名 貢献者） ☐ encourage（他動 勧める）
☐ devoted（形 献身的な） ☐ properly（副 適切に） ☐ step forward（前に出る）
☐ appreciation（名 感謝、高い評価）

COLUMN

リスニングのコツ③
リスニング練習はリーディング練習ではない

リスニングセクションの音声スクリプトを上手に活用できれば、リスニング力の向上に役立ちます。ただし、気をつけたいのは、「音声を聞く際に、スクリプトの英文を常に目で追っていてはいけない」という点です。常に英文を目で追っていると、「文字」に注意が向いてしまい、「音」を聞く能力が身につきません。音読やListen & Repeat（英語のフレーズを聞き、その通り繰り返す）をする際には、できるだけスクリプトから目を離し、音声に集中することが重要です。うまくできない時にはスクリプトを見ても構いませんが、簡単なフレーズでは意識してスクリプトから目を離すように心がけましょう。

● Part 4のルールのまとめ ▸ 150〜151ページを参照

UNIT 15
広告は、「商品名」、「聞き手」をチェック

POINT

広告では、「どんな商品やサービス」が、「誰に向けて宣伝されているか」が問われます。まず冒頭部分で「何の誰に対する広告か」を判断し、商品やサービスの特徴などの詳細な情報をキャッチしながら聞きましょう。

次の例題で、実際に解き方を確認してみましょう。

1. What is being advertised?

   (A) A newly-opened mall
   (B) An annual film event
   (C) A life insurance company
   (D) An online banking service

   > ルール 44
   > 「何の広告か」は冒頭部分に注意する

2. What does the speaker imply when she says, "Never heard of it?"

   (A) She is a bit disappointed.
   (B) She will give explanation.
   (C) She did not understand well.
   (D) She does not know some facts.

   > ルール 45
   > 「文脈問題」は前後を聞き取れるかがカギ

3. What should listeners do to get more information?

   (A) Go to a Web site
   (B) Send an e-mail
   (C) Make a phone call
   (D) Complete a form

   > ルール 39
   > 「聞き手が取るべき行動」は後半に注意する

次に、設問の答えを探しながら、音声を聞いてみましょう（問題冊子にはスクリプトは印刷されていません）。 TRACK 36

🔊 スクリプト

Questions 1 through 3 refer to the following advertisement.

Do you want to see more profound, touching, or life-changing movies rather than big budget ones? If so, you should go to the Vancouver Cinema Fest. Never heard of it? It's an annual one-week event held in downtown Vancouver. It's a showcase for independent films from all over the world, and some directors and actors will show up and talk about their own movies. One of the greatest things about this event is it's open to all. Unlike other famous film festivals, the Vancouver Cinema Fest will welcome any moviegoers for just 30 dollars per day. Getting interested? Details can be found online. Just go to www.vcf.ca.

設問1のヒント

設問2のヒント

設問3のヒント

UNIT
15

❗ トークの構造
1) **冒頭部**　質問で注意を引く／何の広告かを明らかにする
↓
2) **中間部**　サービスに対して情報を提供する
↓
3) **後半部**　サービスの紹介後、聞き手に行動を呼びかける

「何の広告か」がアピールできなければ、商品やサービスを買ってもらうことができないわけですから、この情報は冒頭部分に提示されるのが一般的です。最初の部分に注意して聞きましょう。

広告する側の立場からすると、商品やサービス名を認識してもらうことが重要なので、何度も繰り返して伝えられます。広告に限らず、重要な情報は何度も繰り返されるので、1つ聞き逃しても焦らずに、次の情報を聞き取るようにしましょう。

設問2は「文脈の理解を問う問題」（Meaning in Context Question）でやや難度の高い質問ですが、前後が聞き取れているかが問われています。

Never heard of it? という口語表現自体は「知らないの？」ぐらいの意味で、いろいろな場面で使えますが、この表現の前で Vancouver Cinema Fest について話題を切り出して、その後にそれがどういうイベントかを説明しているので（B）が正解です。

サービスを受けるための方法や問い合わせの際の「アクセス方法」についてもよく問われます。広告の最後の部分で述べられることが多いので、最後の部分に集中しましょう。

訳　問題1〜3は次の広告に関するものです。
多額の予算を投じた映画より、もっと深い、胸を打つ、あるいは人生を変えるような映画を見たいと思いませんか。もしそうなら、バンクーバー国際映画祭に行くべきです。ご存じないですか？ この毎年恒例の映画祭は5月19日〜27日にバンクーバーのダウンタウンで開催されます。この映画祭は世界中から集められた独立系の映画のお披露目の場で、映画監督たちが来場し、自分の映画について語ります。また、この映画祭はどなたでもご参加いただけます。他の有名映画祭とは違って、バンクーバー国際映画祭はどんな映画ファンでも1日たった30ドルで歓迎します。興味をお持ちいただけましたか？ 詳細はインターネットでご覧いただけます。www.vicf.ca. にアクセスしてご確認ください。

1. 何が宣伝されていますか。
   - (A) 新しくオープンしたモール
   - (B) 毎年恒例の映画イベント
   - (C) 生命保険
   - (D) ネット銀行

2. 話し手が "Never heard of it" と言っているとき，何を意図していますか。
   - (A) 少しがっかりしている。
   - (B) 説明をこれからする。
   - (C) よくわからなかった。
   - (D) いくつかの事実について知らない。

3. 聞き手はどのように情報を得ることを勧められていますか。
   - (A) ウェブサイトにアクセスする
   - (B) E メールを送る
   - (C) 電話をする
   - (D) フォームに記入する

WORDS
- annual（形 毎年の）　■ life insurance company（名 生命保険会社）
- profound（形〔内容が〕深い）　■ touching（形 胸を打つような）　■ budget（名 予算）
- showcase（名 展示場所）　■ independent（形 独立した）　■ show up（現われる）
- moviegoer（名 映画ファン）

UNIT
15

137

音声を聞いて、次の問題に答えましょう。

1. What is the speaker advertising?
   (A) An overseas tour
   (B) A financial product
   (C) A new book
   (D) A summer clothing item

2. What does the speaker recommend?
   (A) Upgrading to a suite
   (B) Choosing another route
   (C) Taking action immediately
   (D) Comparing similar products

3. How can listeners make a reservation?
   (A) Go to a Web site
   (B) Visit an office
   (C) Make a phone call
   (D) Register by e-mail

解答と解説

1.

解説 「何の広告か」を尋ねる設問なので、冒頭に注意します。Planning to travel abroad? How about going to California? という広告での典型的な呼びかけの後に、offering a great package trip と正解のヒントがあります。最初の1文にヒントがなければ、その直後に必ず聞こえてきます。誤答の選択肢（B）、（C）は、deal、book など、音声中に含まれる単語から類推されるひっかけになっています。

正解 (A)

2.

解説 話し手が勧める行動を答える問題です。多くの場合、提案・勧誘を表わす表現に続く部分に正解のヒントがあります。トークの後半近くに This deal is applicable only for a limited time, so if you are interested, you should act quickly. という部分があります。この act quickly を言い換えた（C）が正解になります。

UNIT
15

正解 (C)

3.

解説 「予約方法」を問う典型的な設問です。「アクセス方法」と同様に、最後の部分に注意しましょう。For more details, go to www.casualtrip.au. は予約の方法ではないので、（A）は誤りです。その後の call us at 427-555-1683 to book your reservation. が直接的なヒントとなる部分です。具体的な番号を言って、電話することを勧めているので、（C）が正解になります。

正解 (C)

🔊 **スクリプト** 🇦🇺

Questions 1 through 3 refer to the following advertisement.
Planning to travel abroad? How about going to California? Essex Travelers is offering a great package tour from Sydney to Los Angeles for only $1,000. This includes airfare, five nights' accommodation, and all taxes. Additional nights are $75 each. Upgrade options are also available. This deal is applicable only for a limited time, so if you are interested, you should act quickly. For more details, go to www.casualtrip.au. Then call

us at 427-555-1683 to book your reservation. Don't wait. Act now!

訳 問題 1～3 は次の広告に関するものです。
海外旅行の計画をしているところですか。カリフォルニアに行ってみるのはどうでしょう。Essex Travelers 社では、シドニー発ロサンゼルス行きのすばらしいパック旅行をたった 1,000 ドルでご用意しています。これに含まれるのは航空運賃と 5 泊分の宿泊費用で、すべて税込みです。追加宿泊費は 1 泊につき 75 ドルとなります。また、アップグレードのためのオプションもあります。この商品は期間限定でのご提供ですので、ご興味のある方はお急ぎください。詳細は、www.casualtrip.au. をご覧ください。ご予約は 427-555-1683 へ、お電話でお願いします。今すぐお電話を！

1. 話し手は何を宣伝していますか。
   (A) 海外旅行
   (B) 金融商品
   (C) 新刊本
   (D) 夏服

2. 話し手は何を勧めていますか。
   (A) スイートルームに切り替える。
   (B) 別のルートを探す。
   (C) すぐ行動を起こす。
   (D) 似た商品を比較する。

3. 聞き手はどのような方法で予約ができますか。
   (A) ウェブサイトにアクセスする。
   (B) 事務所を訪れる。
   (C) 電話する。
   (D) E メールで登録する。

WORDS ☐ airfare（名 航空運賃） ☐ accommodation（名 宿泊設備〈米では -s〉）
☐ additional（形 追加の） ☐ applicable（形 適用される）

UNIT

15

COLUMN

リスニングのコツ④
設定や展開のストックを増やす

TOEIC の Part 3、Part 4 で出題される会話や説明文のシチュエーションは、オフィス、病院、店、ホテル、交通機関、広告などに限られています。聞き取れない部分があったり、わからない語彙や表現が出てきても、これらの内容についての背景知識（＝典型的な場面や展開パターンのストック）があれば、全体の内容がイメージしやすく、設問を考える際にも役立ちます。本書の Part 3、Part 4 の音声を繰り返し聞いたり、Part 7 の英文パッセージを繰り返し読んでいく中でそのような背景知識は身についていくと思いますが、Part 4 について本書は論理展開を「見える化」しました。これを有効に活用してください。

◆ Part 4のルールのまとめ ▶ 150〜151ページを参照

UNIT16
報道は、「話題」、「助言」、「放送時間」に注意

POINT

ラジオなどのニュース放送では、ビジネスの話題や天気予報も取り上げられますが、最も多いのが交通情報です。設問では、「話題・テーマ」、聞き手への「助言・依頼」、そして「放送時間」が多く問われます。

次の例題で、実際に解き方を確認してみましょう。

1. What is the main topic of the report?
   - (A) A local festival
   - (B) The weather forecast
   - (C) Traffic conditions
   - (D) Financial news

> ルール 38
>
> 「話題・テーマ」は冒頭部分を聞く

2. What are listeners asked to do?
   - (A) Fill up a hole
   - (B) Take another route
   - (C) Use Highway 50
   - (D) Break a water main

> ルール 46
>
> 聞き手への「呼びかけ」は助言・依頼表現をとらえる

3. What will listeners most likely hear next?
   - (A) A guest speaker's comment
   - (B) A commercial message
   - (C) A popular song
   - (D) A business report

> ルール 43
>
> 「次に起こること」は後半に注意する

次に、音声を聞いてみましょう(問題冊子にはスクリプトは印刷されていません)。

TRACK 38

 スクリプト

Questions 1 through 3 refer to the following report.

設問 1 のヒント

Auckland Morning Traffic Report. I'm Neil
Britten. A section of State Highway 50 through
Nestle Park is closed due to road construction.
People who are going to Nestle Park are
advised to take Highway 7 or Highway 14.

設問 2 のヒント

These highways are expected to have more
drivers than regularly until the construction
work is completed. The next traffic update will
be at 8:30 A.M. Let's move on to today's
business report.

設問 3 のヒント

UNIT

16

! トークの構造
1) **冒頭部**　媒体および自己紹介／話題を切り出す

2) **中間部**　話題についての具体的な情報を展開する

3) **後半部**　話題についてのトークの終了／次の放送・次の話題への移
行についての通知

　ニュース放送においても、「話題・テーマ」の設問のヒントは冒頭にあります。やや具体的な話題が問われている場合は、2 つ目か 3 つ目の文まで注意して聞きましょう。この部分を聞き逃しても、あきらめる必要はありません。全体的な情報を問うタイプの問題は、highway / road construction といった関連語句を拾っておけば対処できるからです。例題では、冒頭の Auckland Morning Traffic Report を聞くことができれば交通情報だとわかります。

　聞き手への「助言・依頼」は、ニュース放送でよく問われる典型的な設問です。設問 2 の What are listeners asked to do? は、「聞き手が頼まれている」→「話し手が助言・依頼している」と考え、話し手が助言や依頼をしているような表現に注意すると、ヒントが容易に見つかります。

　ここでは、People who are going to Nestle Park are advised to take Highway 7 or Highway 14. と対象となる聞き手を限定した後に、be advised to *do* で助言をしています。

❗ 勧める・助言する動詞とその用法

　☐ advise X to *do*

　　例）My wife advised me to lose some weight.

　☐ suggest (that) S + V

　　例）Nan suggested that we hold a party at the Italian restaurant.

　☐ recommend (that) S + V

　　例）I recommend that you apologize to your boyfriend for telling a lie.

　ニュース放送では、「次に放送されるか」、「次の放送はいつか」のような設問もよく出題されます。最後の部分で、コマーシャルがあったり、別の話題に移ったりなど次に放送される内容、あるいは天気や交通情報のように 1 日に何回か放送

されるものについては、次回の放送時間のお知らせをすることがあります。したがって、最後の部分に注意しましょう。

訳 問題 1 ～ 3 は次のレポートに関するものです。
オークランドの朝の交通情報です。Neil Britten です。州道 50 号線は Nestle Park までの一部が、道路工事のために閉鎖されています。Nestle Park に向かう人は、7 号線か 14 号線を使ってください。これらの高速道路は工事が完成するまでは通常より混雑することが見込まれます。それでは、次の情報は午前 8 時 30 分になります。それでは, ビジネスレポートに移りましょう。

1. レポートの主題は何ですか。
   (A) 地元の祭り
   (B) 天気予報
   (C) 交通状況
   (D) 金融ニュース

2. 聞き手は何をするよう言われていますか。
   (A) 穴を埋める
   (B) 他の経路を使う
   (C) 50 号線を使う
   (D) 水道本管を壊す

UNIT
16

3. 聞き手が次に聞くと思われるものは何ですか。
   (A) ゲストのコメント
   (B) コマーシャル
   (C) 人気の歌謡曲
   (D) ビジネスレポート

WORDS local（形 地方の、地元の） fill X up（X を埋める） route（名 経路）
water main（名 水道本管）

音声を聞いて、次の問題に答えましょう。

1. What is the broadcast about?
   (A) A company merger
   (B) A weather forecast
   (C) A music event
   (D) A traffic accident

2. Who is Dennis Muchisky?
   (A) A sports journalist
   (B) A company head
   (C) A traffic reporter
   (D) A professional guitarist

3. What will most likely take place soon?
   (A) A speech by an athlete
   (B) A press conference
   (C) A meeting for shareholders
   (D) A performance by a guest

解答と解説

1.

解説 「話題」を問う設問なので、最初と最後の部分に注意します。すると、冒頭で We'll start with the merger between Kiriyama Co. and JPI Limited. と言っているので2つの会社の合併の話であることがわかります。

正解 (A)

2.

解説 「人物」を問う設問。The head of the new company is likely to be Dennis Muchisky, the current president of JPI Limited. とあるので、A president を言い換えた A company head である（B）が正解。

正解 (B)

3.

解説 「次に起こること」を問う設問。最後の部分をしっかり聞いていれば対応できます。最後のところで Mr. Muchisky is expected to have a press conference within a couple of days. とあるので（B）が正解。be expected to *do* という未来を言及するときに使われる表現をキャッチできるかがカギです。

正解 (B)

🎧 スクリプト

Questions 1 through 3 refer to the following radio broadcast.
Good morning. This is Oakland Public Radio. I'm Candice Oxford. We'll start with the merger between Kiriyama Co. and JPI Limited. Reportedly, the presidents of both companies have been negotiating over the past six months, and just a few days ago they finally reached an agreement. In the fall, the two companies will become one company. The head of the new company is likely to be Dennis Muchisky, the current president of JPI Limited. Considering the impact this merger will have on the market, Mr. Muchisky is expected to have a press conference within a couple of days.

訳 問題1～3は次のラジオ放送に関するものです。
おはようございます。Oakland 公共ラジオの Candice Oxford です。最初のニュースは Kiriyama 社と JPI 社の合併です。伝えられるところによると、両社の社長は過去6か月議論を続けていて、数日後ついに合意に達したということです。秋には、2つの会社は1つになります。新会社の社長は JPI 社社長の Dennis Muchisky 氏が務める見込みです。この合併が市場に与え

る影響を考え、Muchisky 氏は数日内に記者会見を開く見込みです。

1. 何についての放送ですか。
   (A) 企業の合併
   (B) 天気予報
   (C) 音楽のイベント
   (D) 交通事故

2. Dennis Muchisky とは誰ですか。
   (A) スポーツライター
   (B) 企業重役
   (C) 交通レポーター
   (D) プロのギターリスト

3. すぐに起きると思われていることは何ですか。
   (A) 運動選手によるスピーチ
   (B) 記者会見
   (C) 株主のための会議
   (D) ゲストによる演技

WORDS　□ merger（名 合併）　□ press conference（名 記者会見）
□ reportedly（副 伝えられるところによると）　□ negotiate（自動 交渉する）
□ reach an agreement（合意に達する）　□ market（名 市場）

リスニングのコツ⑤
毎日音声を聞く

本書の構成では前半の 16 ユニットでリスニングが終了してしまいます。その後、英語を聞かないでいると、せっかく身につけた「英語の音に対する感覚」が薄れてしまいます。英語を聞き慣れることもリスニング力の向上に役立ちますので、Unit 17 以降についても、音声を繰り返し聞くように心がけましょう。スマートフォンなどに入れて持ち歩けば、通勤・通学の時間をリスニング練習にあてることができます。電車の中などでは、頭の中で声を出すイメージで、口を動かすだけでも構いません。また、試験当日は、総仕上げのつもりで、試験場に着くまでの時間をリスニングの復習にあてましょう。可能であれば、並行して、この教材以外に自分のレベルに合った、興味の持てるものを毎日少しずつでも聞く習慣をつけるとよいでしょう。大事なことは、英語の音声を雑音ではなく、意味のあるメッセージとして処理することを皆さんの脳にセットしておくことですから。

▶Part 4のルールのまとめ▶150〜151ページを参照

PART 4 ルールリスト

UNIT 12 ～ 16 で学習したルールをもう一度確認しましょう。Part 4 では、パッセージのタイプを意識して聞くことが大切です。自信のない項目については、しっかり復習しておきましょう。

UNIT12 電話は「話し手/聞き手」、「用件」、「行動」をとらえる

	ルール 37	「話し手」、「聞き手」の情報は、冒頭部分にある	CHECK > 112ページ
	ルール 38	「目的・用件」、「話題・テーマ」は冒頭部分を聞く	CHECK > 112ページ
	ルール 39	「聞き手が取るべき行動」は後半に注意する	CHECK > 112ページ

UNIT13 アナウンスは、「場所」、「目的」、「聞き手」を押さえる

	ルール 40	「場所」の情報は、冒頭をしっかり聞く	CHECK > 120ページ
	ルール 41	会話の中間部の詳細情報を整理して聞く	CHECK > 120ページ

UNIT14 スピーチは、構成を踏まえて内容を予測する

	ルール 42	「肩書き・職業」は人物関係を整理しながら聞く	CHECK > 128ページ
	ルール 43	「次に起こること」は後半に注意する	CHECK > 128ページ

UNIT15 広告は、「商品名」、「聞き手」をチェック

	ルール 44	「何の広告か」は冒頭部分に注意する	CHECK > 136ページ
	ルール 45	「文脈問題」はフレーズの前後が聞き取れるかが問われる	CHECK > 136ページ

UNIT16 報道は、「話題」、「助言」、「放送時間」に注意

ルール 46	聞き手への「呼びかけ」は 助言・依頼表現をとらえる	CHECK ❯ 144ページ

PART 5

短文穴埋め
問題

UNIT17
品詞問題は
意味より形に注目

POINT

選択肢に品詞の異なる派生語が並んでいたら、品詞の区別を問う問題と判断できます。Part 5 で最もよく出題される文法事項なので、確実にマスターしましょう。品詞問題では、問題文の意味よりも形に注目することが大切です。

ポイントを確認しながら、次の例題を解いてみましょう。

To meet increasing demand, a new production facility will be ------- sometime in the next few years.

ルール **48**

空所の前後から英文の形を判断する

(A) necessity
(B) necessary
(C) necessarily
(D) necessitate

ルール **47**

選択肢に品詞の異なる派生語→品詞問題

訳 増えている需要を満たすために、数年後のある時点で新たな生産施設が必要になります。
(A) 名「必要性」
(B) 形「必要な」
(C) 副「必然的に」
(D) 他動「必要とする」

WORDS □ increase（他動 増加する） □ demand（名 需要、要求） □ production（名 生産）
□ facility（名 設備、施設） □ sometime（副 いつか）

まず、選択肢を見ましょう。（A）から（D）まで、necess- から始まり、同じ語から派生した異なる品詞が並んでいるのがわかりますね。このような問題では、品詞の区別ができるかどうかが問われています。

次に、空所の前後から、英文の形を判断します。ここでは、空所の前に主語 a new production facility と動詞 will be があるので、（D）の動詞 necessitate は不正解です。空所の後には、sometime in the next few years があり、未来の時を表しています。（B）の形容詞であれば「新たな生産施設が必要になる」となり、意味が通ります。（C）の副詞、（A）の名詞では、文意が通りません。このように、まず英文の形、次に意味から判断するのが品詞問題の攻略法です。

名詞・形容詞・副詞の基本的な用法を押さえておきましょう。

UNIT
17

【名詞】

①センテンスの主語、目的語、および主語の描写の語句として機能する

②限定詞（冠詞 a / the、所有限定詞 my / her / their / ...）、形容詞、前置詞の後ろに来る

Our supervisor accepted the plan with pleasure.
　　　主語　　　　　　　　　　目的語　　前置詞の目的語

Jack is a good manager.
　主語　　　　描写の語句

【形容詞】

①名詞を前から説明する

numerous items
　形容詞　　名詞

② be 動詞系の動詞（be / become / seem / remain / ...）の後ろに来て、主語の名詞を説明

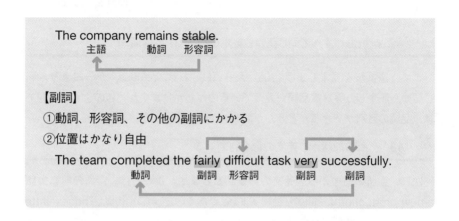

The company remains stable.
主語　　　　動詞　　形容詞

【副詞】
①動詞、形容詞、その他の副詞にかかる
②位置はかなり自由

The team completed the fairly difficult task very successfully.
動詞　　　　　　副詞　形容詞　　　副詞　　　　副詞

ポイントを確認しながら、次の例題を解いてみましょう。

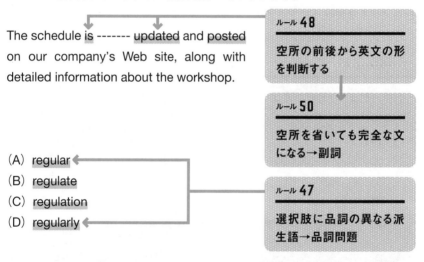

The schedule is ------- updated and posted on our company's Web site, along with detailed information about the workshop.

> ルール 48
> 空所の前後から英文の形を判断する

> ルール 50
> 空所を省いても完全な文になる→副詞

> ルール 47
> 選択肢に品詞の異なる派生語→品詞問題

(A) regular
(B) regulate
(C) regulation
(D) regularly

訳　スケジュールは、研修会に関する詳細とともに、弊社のウェブサイトで定期的に更新、掲載されております。
　　(A) 形「定期的な」
　　(B) 他動「規制する」
　　(C) 名「規制」
　　(D) 副「定期的に」

WORDS　□ post (他動 掲載する、掲示する)　□ detailed (形 詳細な)

ルール 47 選択肢がすべて同じ語から派生していれば品詞問題

　選択肢を確認すると、すべて regula- で始まっていますね。このように、選択肢に品詞の異なる派生語が並んでいる場合は、品詞問題だと判断します。

ルール 48 空所の前後から英文の形を判断する

　次に、空所の前後を見て、英文の形を確認します。空所の前には schedule という名詞と be 動詞、後ろには and でつながれた動詞の -ed/-en 形が 2 つ並んでいます。be 動詞の直後に動詞の原形を置くことはできません。また、動詞の -ed/-en 形の前には形容詞を置くことができないので、(B) regulate と (A) regular は不正解です。

ルール 50 空所を省いても完全な文であれば、副詞

　schedule と regulation の意味がわかれば、「予定」＝「規則、規制」となる (C) では意味が通らないので、残った (D) regularly が正解とわかります。

　センテンス全体の意味がわからなくて判断に迷った場合は、位置の自由度が最も高い副詞を選ぶのが賢明です。実際の TOEIC の品詞問題でも、正解の多くは副詞になっています。特に、空所を省いても文法的に完全なセンテンスになる場合、副詞が正解と言えます。例題も、空所を省いた The schedule is updated and posted の部分は完全なセンテンスになっています。

UNIT
17

ルール 51 語尾から単語の品詞を見分ける

　空所の前後からどの品詞が入るかわかっても、選択肢の品詞がわからなければ正解できません。単語の語尾から品詞を判別できるように、各品詞の代表的な語尾を確認しておきましょう。

【名詞の語尾】
-tion / -sion / -ship / -ance / -ence / -ity / -ment / -ness /-er / -or / -ist / -ee
【形容詞の語尾】
-able / -ible / -ous / -ive / -al / -ful / -ic / -like / -less

【動詞の語尾】

-ize / -ify / -en

【副詞の語尾】

-ly

❗ 例外：costly（高価な）/ early（早い）/ hourly（毎時間の）/ daily（毎日の）/ weekly（毎週の）/ monthly（毎月の）/ yearly（毎年の）

次の英文の空所に当てはまる語を選びましょう。

1. Customers are asked to rate their ------- with Canadian Mobile's service and have the opportunity to provide feedback.
(A) satisfy
(B) satisfactory
(C) satisfactorily
(D) satisfaction

2. Talking to ------- customers is considered as an effective marketing strategy.
(A) act
(B) actual
(C) actually
(D) actualize

UNIT
17

3. Todd Donovan brings over 15 years of leadership experience in the IT services industry to the ------- team.
(A) manage
(B) manageable
(C) manager
(D) management

1.

解説 選択肢から品詞問題と判断。空所の前に所有限定詞 their、後ろに〈with ＋名詞句〉があることから、空所には名詞が入るとわかります。したがって、(D) が正解です。迷った時には選択肢の語尾を見て、名詞の語尾 -tion がついている (D) satisfaction を選ぶこともできます。

正解 (D)

訳 顧客は Canadian Mobile 社のサービスに対する満足度を評価し、意見を寄せるように頼まれます。
(A) 他動「満足させる」
(B) 形「満足できる」
(C) 副「満足に」
(D) 名「満足」

WORDS ☐ customer（名 顧客）☐ rate（他動 評価する）☐ opportunity（名 機会）
☐ feedback（名 反応、意見）

2.

解説 空所の前後 to と customers だけを見ると (A) の動詞の原形を入れたくなりますが、それでは意味が通りません。ここでは、〈talk to X〉の形に気づくことが大事です。空所の前の to は前置詞で、後ろには名詞のカタマリが来るので、名詞 customers にかかる (B) の形容詞が正解になります。(A) act には動詞の「行動する」の他、「法令、言動」など名詞の意味もあります。

正解 (B)

訳 実際の顧客と話をすることは、効果的なマーケティング戦略と考えられている。
(A) 自動「行動する」
(B) 形「実際の」
(C) 副「実際に」
(D) 他動「実現する」

WORDS ☐ effective（形 効果的な）☐ strategy（名 戦略）

3.

解説 空所の前後には、限定詞 the と名詞 team があります。前に限定詞があるので、(A) の動詞は入りません。形だけで考えると、〈限定詞＋形容詞

＋名詞〉が基本パターンなので形容詞（B）manageable を入れたくなるのですが、「扱いやすいチームに経験を持ち込む」では、意味が通りません。ここでは management team（経営陣）が適切です。このように〈名詞＋名詞〉の形が正解になることもあるので注意が必要です。

正解 （D）

訳 Todd Donovan さんは IT サービス産業での 15 年以上の指導的立場での経験を経営陣に持ち込みます。
(A) 他動「経営する」
(B) 形「扱いやすい」
(C) 名「管理者」
(D) 名「経営、管理」

WORDS ■leadership（名 指導力、統率力） ■experience（名 経験）

UNIT
17

▶Part 5のルールのまとめ ▶198〜200ページを参照

161

UNIT 18
動詞の形の問題は、時制と動作主に注意

POINT

選択肢に動詞の活用形が並んでいたら、正しい動詞の形を問う問題です。時制の問題では時を表す語句を探しましょう。通常の文と受け身の文の区別を問う問題では、空所の前後をよく見て動作主が何かを考えて判断します。

ポイントを確認しながら、次の例題を解いてみましょう。

Smart Village Company ------- more than 600 retail grocery stores that are independently owned and operated.

ルール 48
空所の前後から英文の形を判断する

ルール 53
時制のヒントを探す

ルール 52
選択肢に動詞の活用形→動詞の形の問題

(A) franchise
(B) franchises
(C) franchising
(D) franchised

訳 Smart Village 社は個人によって所有され、経営されている 600 店舗を超える小売食料品店をフランチャイズ化しています。
(A) (franchise 他動 販売権を与える) の原形・現在形
(B) franchise の -s 形
(C) franchise の -ing 形
(D) franchise の -ed/-en 形

WORDS retail (形 小売りの) independently (副 独立して) grocery store (食料品店) own (他動 所有する) operate (他動 経営する)

ルール 52 選択肢に動詞の活用形が並んでいれば、動詞の形の問題

選択肢には動詞 franchise（販売権を与える、フランチャイズ化する）の活用形が並んでいるので、動詞の形を選ぶ問題とわかります。

ルール 48 空所の前後から英文の形を判断する

空所の前には Smart Village Company という会社名、後ろには more than 600 retail grocery stores という名詞のカタマリがあります。さらに続く that 以下は retail grocery stores にかかっています。したがって、空所には動詞が入り、空所の前が主語、後ろが目的語になると判断できます。主語は単数なので、(A) は誤り、(C) は be 動詞がないと文の動詞部分が完成しないので、不正解です。

ルール 53 時制のヒントとなる語句を探す

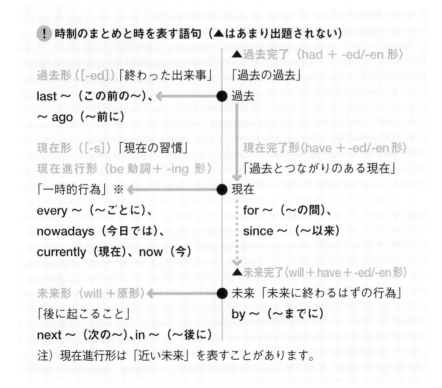

! 時制のまとめと時を表す語句（▲はあまり出題されない）

▲過去完了〈had + -ed/-en 形〉
「過去の過去」

過去形（[-ed]）「終わった出来事」
last ～（この前の～）、～ ago（～前に）
● 過去

現在形（[-s]）「現在の習慣」
現在進行形〈be 動詞 + -ing 形〉
「一時的行為」※
every ～（～ごとに）、nowadays（今日では）、currently（現在）、now（今）

現在完了形〈have + -ed/-en 形〉
「過去とつながりのある現在」
● 現在
for ～（～の間）、since ～（～以来）

▲未来完了〈will + have + -ed/-en 形〉

未来形〈will + 原形〉
「後に起こること」
next ～（次の～）、in ～（～後に）
● 未来「未来に終わるはずの行為」
by ～（～までに）

注）現在進行形は「近い未来」を表すことがあります。

（B）か（D）かの選択は時制が決め手になります。ここでは、that are independently owned and operated が現在時制になっていることに着目しましょう。「個人によって所有され、運営されている店（現在）」を「フランチャイズ化した（過去）」では時制が合わないので、現在時制の（B）が正解になります。

ポイントを確認しながら、次の例題を解いてみましょう。

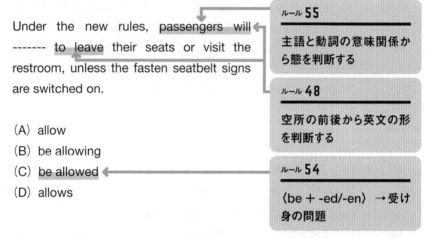

Under the new rules, passengers will ------- to leave their seats or visit the restroom, unless the fasten seatbelt signs are switched on.

（A）allow
（B）be allowing
（C）be allowed
（D）allows

ルール **55**

主語と動詞の意味関係から態を判断する

ルール **48**

空所の前後から英文の形を判断する

ルール **54**

〈be ＋ -ed/-en〉→受け身の問題

訳　新しい規則では、シートベルト着用の合図が点灯しないかぎり、乗客は席を離れたり、手洗いに行ったりすることが許可されます。
（A）allow（他動 認める）の原形
（B）be ＋ allow の -ing 形
（C）be ＋ allow の -ed/-en 形
（D）allow の 3 人称・単数・現在

WORDS ■ leave one's seat（席を離れる）　■ restroom（名 手洗い）
■ unless（接 ～でないかぎり）　■ fasten（他動 締める）　■ sign（名 合図、印）

ルール **54** 選択肢に〈be＋-ed/-en〉があれば、受け身の問題

受け身の選択肢（C）be allowed があるので、各選択肢の正誤を判断するには受け身の知識が必要です。ただし、受け身が入っている選択肢が即正解というわけではなく、主語と動詞の一致や時制など、他の知識と組み合わせた形で出題されることもあります。

ルール **48** 空所の前後から英文の形を判断する

空所の前は passengers will、後ろは to leave なので、空所には will に続く動詞が必要。助動詞の後ろには原形が続くので（D）allows は不正解です。

ルール **55** 主語と動詞の意味関係から態を判断する

受け身の文か通常の文かを判断するには、主語と動詞の意味関係を考えます。乗客は、席を離れることを「許す」のではなく「許される」ので、受け身形の（C）が正解です。動詞 allow は〈allow ＋人＋ to do〉の形で、「人が…するのを許す」の意味を表します。

ルール **56** 空所の後ろに目的語がなければ受動態

UNIT

18

下の図からわかるように、受け身では通常の文の目的語が主語になるので、通常〈be ＋ -ed/-en 形〉の後に目的語は来ません。一般的には、空所の直後に目的語となる名詞があれば通常の文、ない場合は受け身の文と判断できます。ただし、目的語を 2 つ取る動詞もあるので、注意が必要です。

> **!** **目的語を 1 つしか取らない動詞の場合**
> （通常の文）The company **hosted a meeting.**
>   主語（動作主）   目的語（動作の受け手）
>
>
> （受け身の文）A meeting **was hosted** by the company.
>   主語（動作の受け手）   名詞（動作主）

練習問題

次の英文の空所に当てはまる語を選びましょう。

1. Michael Kelso ------- to sales manager last year and has done an excellent job managing and inspiring the team.

(A) promoted

(B) has been promoted

(C) was promoting

(D) was promoted

2. The Pennsylvania International Coal Conference ------- in Sandton next year.

(A) holds

(B) are held

(C) will hold

(D) will be held

3. Ms. Flynn joined Euro Medica five years ago and ------- in charge of sales and services for it since.

(A) is

(B) were

(C) has been

(D) being

解答と解説

1.

解説 時制と通常の文・受け身の文の区別の問題。and の前に明確に過去を表わす語句 last year があるので、(B) の現在完了は使えません。主語 Michael Kelso と動詞 promote（昇進させる）の意味関係を考えると、過去の受け身の文である (D) が入ります。

正解 (D)

訳 Michael Kelso さんは、去年営業部長に昇進し、今までチームを管理し、活気づけ、すばらしい功績を上げてきました。
(A) promote（**他動** 昇進させる）の -ed/-en 形
(B) has been + promote の -ed/-en 形
(C) was + promote の -ing 形
(D) was + promote の -ed/-en 形

WORDS ■ inspire（**他動** 動機づける、活気を与える）

2.

解説 動詞 hold（開催する）は、meeting（会議）などを目的語に取る他動詞です。問題文では conference が主語なので、「会議が開催される」の意味になる受け身の文になります。さらに未来を表す next year があるので、(D) が正解。現在形が未来の予定について言及することもありますが、(B) の are は単数の主語と一致しないので誤りです。

正解 (D)

訳 ペンシルバニア国際石炭会議は、来年 Sandton で開催されます。
(A) hold（**他動** 開催する）の 3 人称・単数・現在
(B) are + hold の -ed/-en 形
(C) will + hold の原形
(D) will be + hold の -ed/-en 形

WORDS ■ coal（**名** 炭、石炭）　■ conference（**名** 会議）

3.

five years ago と since がヒント。幅のある時間を表す場合には完了形
を用いるのが普通なので、現在完了の（C）が正解。空所の前のもう1
つの動詞 joined は、過去の一時点を表すため過去形になっていますが、
これにつられて過去形と決めつけてはいけません。（B）は主語と一致し
ません。

正解 (C)

訳 Flynn さんは、5 年前に Euro Medica 社に入り、それ以来販売・サービスを担当しています。
（A）be 動詞の 1・3 人称・単数・現在
（B）be 動詞の複数、2 人称・単数・過去
（C）has + be 動詞の -ed/-en 形（現在完了）
（D）be 動詞の -ing 形

WORDS ■ join（他動 参加する）　■ be in charge of X（X を担当している）

▶ Part 5のルールのまとめ▶198〜200ページを参照

UNIT19
動詞に関する
問題を押さえよう

POINT

-ed/-en 形や -ing 形、to do 形を問う問題もかなり出題されます。**これらの語句は前後の語句との「意味関係」から考えます。空所の直前が動詞なら、-ing 形と to do 形のどちらを目的語に取るかで判断します。**

ポイントを確認しながら、次の例題を解いてみましょう。

Eagle Motor Corp. will recall about 70,000 cars ------- at its supplier for the purpose of fixing a faulty window-control switch.

> **ルール58**
>
> -ing 形や -ed/-en 形はかかっている名詞との関係から判断する

> **ルール57**
>
> 動詞の形の問題→前後の語との形の結びつきに注意する

(A) make
(B) made
(C) making
(D) to make

UNIT 19

訳 Eagle Motor 社は、欠陥のあるウィンドウ調整スイッチを修理するため、供給業者で製造された 70,000 台の車を回収する予定です。
(A) make（他動 作る）の原形・現在形
(B) make の -ed/-en 形
(C) make の -ing 形
(D) to + make の原形

WORDS ■ recall（他動 回収する） ■ supplier（名 供給業者） ■ faulty（形 欠陥のある）

選択肢を見て動詞の形を問う問題と確認したら、空所の前後から文の形を考えましょう。空所の前は、Eagle Motor Corp. が主語、will recall が動詞、about 70,000 cars がその目的語となっていて、ここまでで完全な文になっています。したがって、動詞の原形（A）は不正解と判断できます。

-ing 形や -ed/-en 形は、動詞が形容詞化したもので、名詞を説明します。

-ing 形は、かかっている名詞がもとの動詞の動作主になります。

例）increasing sales（増えている売り上げ→売り上げが増えている）

-ed/-en 形は、かかっている名詞がもとの動詞の動作の受け手になります。

例）renewed contract（更新された契約→契約が更新される）

例題の場合も、車は「作る」のではなく「作られる」ものなので、-ed/-en 形（B）が正解になります。

to *do* 形にも形容詞の働きがあり、名詞の後ろに置かれると「これから〜する」というニュアンスを表します。しかし、回収する車を「これから作る」のでは意味がおかしいので、（D）は不正解になります。

ルール **76** と同様、-ing 形の副詞用法についても、センテンスの主語が動作の受け手であれば -ed/-en 形、動作主であれば -ing 形になります。

Built in 1935, North Shore Hotel has 413 rooms.

（1935 年に建てられた North Shore ホテルには 413 部屋がある）

ホテルが建てられた→動詞 build の目的語（動作の受け手）→ **-ed/-en 形**

Referring to the latest demographics, Dr. Barclay gave a presentation.

（最新の人口統計のデータに言及しながら、Barclay 博士は発表をした）

博士が言及した→動詞 refer の主語（動作主）→ **-ing 形**

ポイントを確認しながら、次の例題を解いてみましょう。

Jun Yamaji, president of JMAM Limited, announced that he is considering ------- branches in South Africa.

ルール **61**

空所の前が他動詞なら目的語が必要

ルール **62**

目的語に to *do* 形を取るか、-ing 形を取るかを押さえる

(A) open
(B) opened
(C) opening
(D) to open

訳　JMAM Limited 社のジュン・ヤマジ氏は南アフリカに支社をオープンさせることを考えていると発表した。
(A) open（他動 開く）の原形・現在形
(B) open の -ed 形、-ed/-en 形
(C) open の -ing 形
(D) to + open の原形

UNIT
19

171

ルール 61　空所の前が他動詞なら、目的語が必要

　選択肢から、動詞の形を問う問題とわかります。文構造を確認すると、空所の前に動詞部分 are considering があります。consider（〜をよく考える）は他動詞なので、目的語が必要です。動詞の原形（A）は目的語になりません。（B）-ed/-en 形も文法的には不可能ではないですが、considering opened stores（開かれた店舗を考えている）というのは意味が通りません。

ルール 62　目的語にto do形を取る動詞と -ing形を取る動詞を押さえる

　空所の直前に動詞があり、選択肢に動詞のさまざまな形が並んでいる場合は、動詞の語法が問われています。このような問題に対処するためには、目的語に to do 形を取る動詞、-ing 形を取る動詞をしっかり区別して押さえておく必要があります。例題の consider は目的語に -ing 形を取り、「〜するかどうか考える」の意味を表しますので、（C）が正解になります。

> ! to do 形を取る動詞…基本表現 be going to do からわかるように、「これからすること」を目的語に取ります。
> hope / wish / expect / agree / decide / intend / attempt / seek / promise / manage
>
> ! -ing 形を取る動詞…-ing 形は頭の中ではっきりイメージできるものを表し、「すでにしたこと」を目的語に取る動詞がほとんどです。
> finish / avoid / admit / stop / quit / give up / mind / postpone / suggest

ルール 63　後ろに動詞の -ing形を取るイディオムに注意する

　下記の表現は後ろに動詞の -ing 形が続きます。特に to の後ろに動詞の -ing 形が続くものには注意しましょう。

> ■ look forward to doing（…することを楽しみにする）
> ■ be dedicated to doing（…することに献身する）
> ■ be opposed to doing / object to doing（…することに反対する）

172

contribute to *doing*（…することに貢献する）

cannot help *doing*（…することをせざるを得ない）

練習問題

次の英文の空所に当てはまる語を選びましょう。

1. Pacific Communication, Inc. has started a new campaign dedicated to

------- people save money on their Internet service.

（A）help

（B）helps

（C）helping

（D）be helping

2. The company expects ------- its first product this summer as part of an

alliance with Heinnman International, Inc.

（A）to release

（B）released

（C）releasing

（D）release

3. The proposal for our new marketing campaign should be fully updated

with any ------- changes.

（A）suggestion

（B）suggest

（C）suggesting

（D）suggested

1.

解説 空所の前の dedicated to は名詞 campaign を修飾していますが、to の後ろには動詞の -ing 形を取るので、(C) が正解となります。空所の前の to を見た時点で、動詞の原形 (A) を選んでしまわないように、be dedicated to *do*ing (…することに献身する) の形で押さえておきましょう。

正解 (C)

訳 Pacific Communication 社は、インターネットサービスにかかるお金を節約するのに役立つ新しいキャンペーンを開始しました。
(A) help (他動 助ける) の原形・現在形
(B) help 3 人称・単数・現在
(C) help の -ing 形
(D) be + help の -ing 形

WORDS ■ start (他動 開始する) ■ save (他動 節約する)

2.

解説 空所の前に、文の主語と動詞になる The company expects があるので、(B) と (D) は入りません。動詞 expect は目的語に to *do* 形を取るので、(A) を選びます。

正解 (A)

訳 その会社は Heinnman International 社との提携の一部として、最初の製品をこの夏発売することを予定しています。
(A) to + release (他動 発売する) の原形
(B) release の -ed/-en 形
(C) release の -ing 形
(D) release の原形・現在形

WORDS ■ product (名 製品) ■ alliance (名 提携)

3.

解説 空所の前に with、後ろに changes という名詞があるので、空所には changes を修飾することのできる (C) か (D) が入ります。変化が「提案する」ではおかしく、「提案される」が自然なので、-ed/-en 形の (D)

が正解になります。

正解 (D)

訳 新しい営業キャンペーンの企画書は、提案された変更点を受けて全体的に更新するべきです。
- (A) 名「推薦」
- (B) suggest（他動 提案する）の原形・現在形
- (C) suggest の -ing 形
- (D) suggest の -ed/-en 形

WORDS ■ update（他動 更新する）

UNIT
19

❯ Part 5のルールのまとめ ❯ 198〜200ページを参照

UNIT20
人称代名詞・関係詞は「何を指すか」を確認

POINT

人称代名詞の問題は、「格」の問題か、「人称・性・数」の問題かを見分け、代名詞が「何を指すか」を確認します。**関係代名詞の問題では、「関係詞がかかる名詞」を探し、その役割を確認します。**

ポイントを確認しながら、次の例題を解いてみましょう。

Employees need to wash ------- hands thoroughly with soap and water, especially after coughing or sneezing.

> ルール **65**
>
> 代名詞が指す人・ものを探す

(A) its
(B) his
(C) her
(D) their

> ルール **64**
>
> 「格」の問題か、「人称・性・数」の問題かを判断する

訳 従業員は、特にせきやくしゃみをした後は、石けんと水で手をしっかり洗う必要があります。
(A) it の所有格
(B) he の所有格
(C) she の所有格・目的格
(D) they の所有格

WORDS　■ employee（**名** 従業員〔↔ employer **名** 雇用者〕）　■ thoroughly（**副** 徹底的に）
■ cough（**自動** せきをする）　■ sneeze（**自動** くしゃみをする）

ルール **64** 「格」の問題か、「人称・性・数」の問題かを判断する

　選択肢に異なる格（センテンス内での働き）が並んでいれば「格」の問題で、同じ格が並んでいれば「人称・性・数」が問われています。下の表で代名詞の形を押さえておきましょう。また、副詞の働きをする再帰代名詞もよく出題されます。下の例文の意味はほぼ同じですが、1）の使い方は見落としがちです。

数	人称	主格 (主語の 働き)	所有限定詞 (名詞に かかる)	目的格 (目的語の 働き)	所有代名詞 (～のもの)	再帰代名詞 (～自身)
単	1	I	my	me	mine	myself
	2	you	your	you	yours	yourself
	3	he	his	him	his	himself
		she	her	her	hers	herself
		it	its	it		itself
複	1	we	our	us	ours	ourselves
	2	you	your	you	yours	yourselves
	3	they	their	them	theirs	themselves

例 1) Ms. Ballmer completed the project herself.
例 2) Ms. Ballmer completed the project by / for herself.
例 3) Ms. Ballmer completed the project on her own.

UNIT
20

ルール **65** 「人称・性・数」の問題は、代名詞が指す人・ものを探す

　代名詞で、「格」が問われている場合は、空所の前後から代名詞の役割を考えます。「人称・性・数」は、英文の中から空所の代名詞が指す人・ものを探し、その名詞に対応する代名詞を選びます。例題では、空所の代名詞は冒頭のEmployees を指しているので、(D) their が正解になります。

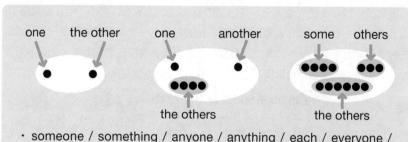

one   the other   one   another   some   others

the others   the others

- someone / something / anyone / anything / each / everyone / everything / another / no one / nothing / the other は**単数扱い**。
- 「お互いに」は、2人・2つのものについては each other、3人・3つ 以上のものについては one another を使います。

ポイントを確認しながら、次の例題を解いてみましょう。

As a multinational company, Pomme Beverage Co. seeks employees ------- understand the needs of international and diverse markets.

> ルール 67
> **関係詞がかかる名詞を探す**

> ルール 68
> **関係詞節での役割を確認する**

(A) where
(B) whose
(C) who
(D) which

訳 多国籍企業として、Pomme Beverage 社は国際的で多様な市場のニーズを理解する 従業員を求めています。
　(A) 関係副詞 where
　(B) 関係代名詞 whose
　(C) 関係代名詞 who
　(D) 関係代名詞 which

WORDS ■ multinational（形 多国籍の） ■ seek（他動 求める） ■ diverse（形 多様な）

ルール 67　空所の前に「関係詞がかかる名詞」を探す

　選択肢から関係詞の問題とわかったら、空所の前から「関係詞がかかる名詞」を探します。例題では直前の employees にかかっています。

ルール 68　関係詞の関係詞節での役割を確認する

　次に、「関係詞がかかる名詞」が「人」か「もの・こと」かを判断し、関係詞が節の中でどのような役割をしているかを考えます。関係代名詞については次の表で確認しておきましょう。

かかる名詞	主格 （主語の働き）	所有限定詞 （後ろの名詞にかかる）	目的格※省略可 （目的語の働き）
人	who	whose	who（whom）
もの・こと	which	whose	which
人・もの・こと	that	whose	that

　例文の先行詞 employees（従業員）は人ですね。(employees) understand the needs ... とすると、空所の関係代名詞は、節の中で主語の働きをしていることがわかります。したがって、人を表す主格の関係代名詞(C) who が正解です。

ルール 69　whatと関係副詞の用法を押さえる

　関係代名詞 what は the thing(s) that と同じで、かかる名詞を必要としません。

The thing **that** we have to do is perfectly clear.
名詞　↑　　関係代名詞

What we have to do is perfectly clear.
↑__かかる名詞がない

　関係副詞は、関係代名詞とは異なり、後ろに完全な文の形が来ます。

The company was founded in 1954 in Albion, Indiana,

where its headquarters are located today.
関係副詞

UNIT
20

かかる名詞	関係副詞	同じ意味の〈前置詞＋関係代名詞〉
場所	where	in / at / on / to + which
時間	when	in / at / on + which
理由	why	for + which
手段・方法	how	with / by + which

練習問題

次の英文の空所に当てはまる語を選びましょう。

1. After six sessions of business coaching and problem solving, Ms. Rutgers solved a huge problem -------.

(A) she

(B) her

(C) hers

(D) herself

2. Practically ------- would have expected S & N, a small start-up tech company, to dominate the market by adopting state-of-the-art technology.

(A) each one

(B) anyone

(C) someone

(D) no one

3. In Gary, Midwestern Tape & Label is building a new plant ------- a number of jobs will be generated.

(A) which

(B) who

(C) where

(D) when

解答と解説

1.

解説 人称代名詞の問題。空所の前を見ると、Ms. Rutgers solved a huge problem と完全な文になっているので、(A)、(B)、(C) は不可。「自分で」という意味を強調する再帰代名詞 (D) herself が正解です。再帰代名詞は by oneself（独力で）のイディオムでもよく出題されます。

正解 (D)

訳 6回のビジネス・コーチングと問題解決のセッションの後、Rutgers さんは自分で大きな問題を解決しました。
(A) she の主格
(B) she の所有格・目的格
(C) she の所有代名詞
(D) she の再帰代名詞

WORDS ■ session（**名**〔活動を行う〕時間、集まり）

2.

解説 不定代名詞の問題。「過去における非現実」を述べる仮定法過去完了 would have expected になっているので、「誰も予想しなかったであろう」の意味になるよう、(D) no one を入れます。他の選択肢では文意が通りません。空所の前後だけではなく、きちんと文意をつかむ必要がある問題です。

正解 (D)

UNIT
20

訳 小さな新しいテクノロジーの会社である S&N 社が、最先端の技術を使用することで市場を独占するとは、ほとんど誰も予想しなかっただろう。
(A) それぞれの人
(B) 誰でも
(C) 誰か
(D) 誰も～ない

WORDS ■ practically（**副** 実質的には、ほとんど） ■ dominate（**他動** 独占する）
■ adopt（**他動** 採用する） ■ state-of-the-art（**形** 最先端の）

3.

解説 選択肢から関係詞の問題とわかります。空所の前を見ると、空所の関係
詞がかかる語は名詞 plant ですが、空所の後ろは a number of jobs will
be generated と完全な文の形になっています。したがって、場所を表す
関係副詞 where を選びます。

正解 (C)

訳 Gary では、Midwestern Tape & Label 社がたくさんの雇用を創出する新工場を建設しています。
(A) 関係代名詞 which
(B) 関係代名詞 who
(C) 関係副詞 where
(D) 関係副詞 when

WORDS ■ plant (名 工場〔設備〕)　■ generate (他動 産み出す)

> Part 5のルールのまとめ ▶198〜200ページを参照

182

UNIT 21
接続詞と前置詞の問題を押さえよう

POINT

接続詞はセンテンスとセンテンス、語句と語句をつなぐ働きをしますので、空所の前後だけではなく、カタマリごとの意味のつながり方を把握する必要があります。**前置詞については、基本的な用法をしっかり押さえておきましょう。**

ポイントを確認しながら、次の例題を解いてみましょう。

-------- Ms. Wright has limited experience working directly with European designers, she is confident in creating a positive working relationship with them.

(A) Despite
(B) But
(C) Since
(D) Although

ルール70
空所の後ろに文の形→接続詞

ルール71
2つのセンテンスに挟まれていない→かかってつなぐ接続詞

ルール72
問題文の文脈・内容的なつながりから判断する

UNIT
21

訳 Wright さんはヨーロッパのデザイナーと直接一緒に仕事をした経験はあまりないのですが、仕事上で彼らと建設的な関係を築くことに自信を持っています。

(A) 前「～にもかかわらず」
(B) 接「しかし」
(C) 接「～なので」
(D) 接「～だけれども」

WORDS ☐ limited(形 限られた) ☐ directly(副 直接に) ☐ be confident in X(Xに自信がある) ☐ positive(形 建設的な、確かな) ☐ relationship(名 関係)

　接続詞は後ろに文の形が続き、前置詞の後には名詞が続きます。例題では、空所の後ろに文が続いていますので、前置詞の（A）Despite は不正解です。

「～なので」	接続詞	because SV / since SV	
	前置詞	because of X / due to X / owing to X	
「～だけれども」	接続詞	although SV / even though SV	
	前置詞	despite / in spite of X	
「～の間」	接続詞	while SV（while ＋動詞の -ing 形は可）	
	前置詞	during X	

　FANBOYS 接続詞（for / and / nor / but / or / yet / so の頭文字、アメリカの作文指導で使われる）は、文と文の間に置かれ、2 つの文をつなぐ働きをします。

　例）Eric is very nice, so Donna likes him.

　例題では、空所が文頭に来ているので、（B）But は誤りです。かかってつなぐ接続詞（because / since / although / [even] though / until / by the time / as soon as など）の場合は、接続詞がついた文が、副詞のようにもう 1 つの文にかかります。また、接続詞のついた文は、もう 1 つの文の前後どちらに置くこともできます。

　例）Because Eric is very nice, Donna likes him.

　＝ Donna likes Eric because he is very nice.

　接続詞の問題では、形だけでなく、文と文の意味のつながりを考える必要があります。例題の場合も、コンマの前後の意味から、内容的なつながりを考えます。「経験がない」と「建設的な関係を築く自信がある」という 2 つの情報は対立関係にあるので、逆接・譲歩の意味を表す接続詞（D）Although が正解とわかります。（C）Since は原因、理由を表す接続詞なので不正解です。

ポイントを確認しながら、次の例題を解いてみましょう。

Panels and presentations will take place on
Saturday from 9:00 A.M. ------- 4:30 P.M. at
Bakersfield Convention Center.

ルール74

相関語句に注意する

(A) at
(B) to
(C) in
(D) and

ルール73

選択肢に前置詞→空所の
前後をチェックする

訳　討論会および発表は、土曜日の午前9時から午後4時30分まで、Bakersfield
Convention Center で行われます。
(A) 前「X で」
(B) 前「X へ、X まで」
(C) 前「X の中で」
(D) 接「〜と…」

WORDS　panel（名 討論会）　take place（行われる）

UNIT
21

185

選択肢を見て前置詞の問題とわかったら、空所の前後を見ます。例題は、〈from A to B〉（A から B まで）という相関語句を知っていれば、3 秒で解けます。たとえ知らなくても、前置詞の基本的な意味から考えれば対処できる場合も多いので、前置詞の基本的な用法をしっかり押さえておきましょう。

- at は「一時点」、in は「一定の長さの時間」、「X 後に」、on は「特定の日」： at noon（正午に）/ in May（5 月に）/ in five minutes（5 分後に）/ on July 4（7 月 4 日に）
- by は「期限」、until は「継続」：by one（1 時までに）, until one（1 時まで）
- of は「所有・所属・関連」：the expansion of facilities（施設の拡張）
- for は「目的・用途」：paper for the fax machine（ファックス用紙）
- at は「割合・価格」：at a low price（安い値段で）
- against は「反対」：vote against the plan（計画に反対票を入れる）
- over は「X にわたって」：over the past three years（ここ 3 年にわたって）
- within は「〜範囲内に」：within the fixed schedule（決められた予定内で）

相関語句は知っていればすぐに正解できますので、代表的なものをここで確認しておきましょう。

- between X and Y（X と Y の間）
- both X and Y（X も Y も両方）
- either X or Y（X か Y のどちらか）
- neither X nor Y（X でも Y でもない）
- whether X or Y（X か Y か）
- not only X but also Y（X だけでなく Y も）
- X as well as Y（Y はもちろん X も）

so ～ that ... （とても～なので…）

such ～ that ... （とても～なものなので…）

not ～ let alone ... （～ではない、ましてや…）

練習問題

次の英文の空所に当てはまる語を選びましょう。

1. The meeting was canceled ------- several people were out of town.

(A) due to

(B) although

(C) so

(D) since

2. Mr. Charlie Robertson will hold a workshop about using technology for marketing ------- Saturday afternoon.

(A) in

(B) at

(C) of

(D) on

3. Burns & Co. is likely to ------- maintain or increase their sales in the next quarter.

(A) both

(B) either

(C) neither

(D) as

1.

解説 接続詞の問題なので、意味的なつながりに注意して問題文を読みます。空所の後ろは「数人が出かけていた」という内容の文で、空所の前の部分「会議はキャンセルされた」の理由になっているので、かかってつなぐ接続詞の（D）since が入ります。（B）although は逆接を表すので不正解。（A）due to は後ろに名詞句しか取れないので不正解。（C）の so では因果関係が逆になります。

正解 (D)

訳 数人が出張で出かけていたので、その会議はキャンセルされた。
(A) 前「X が原因で」
(B) 接「〜だけれども」
(C) 接「だから〜」
(D) 接「〜なので」

WORDS ■ be out of town（〔出張で〕出かけている）

2.

解説 基本的な前置詞の用法の問題。空所の後ろにある Saturday afternoon から、特定の日付に使う前置詞の（D）on を選びます。このように、曜日の後ろに morning / afternoon などがつくときも on を使います。

正解 (D)

訳 Charlie Robertson 氏がテクノロジーを使ったマーケティングについてのワークショップを土曜日の午後に開催します。
(A) 前「X に」（期間）
(B) 前「X に」（一時点）
(C) 前「X の」（所属・関係）
(D) 前「X に」（特定の日）

WORDS ■ hold（他動 行う、開催する）

3.

解説 選択肢を見ると、それぞれ（A）〈both A and B〉、（B）〈either A or B〉、（C）〈neither A nor B〉、（D）〈A as well as B〉の相関語句を作るので、

相関語句の問題とわかります。空所の後ろに or があるので、空所には either が入るとわかります。

正解 (B)

訳 Burns 社は売り上げを維持もしくは増加させることができる見込みです。
- (A) 両方とも
- (B) 〜か…のどちらか
- (C) 〜も…もない
- (D) 〜と同様に

WORDS ■ maintain（他動 維持・継続する） ■ increase（他動 増加させる）

▶ Part 5のルールのまとめ > 198〜200ページを参照

UNIT
21

UNIT 22
語彙問題は、文脈とコロケーションがカギ

POINT

語彙問題は文の意味から考えるのが基本ですが、英単語にはそれぞれ決まった使い方があるので語法の知識で解く問題も出題されます。**文脈上正しい語の選択やコロケーション（語と語の組み合わせ）を見抜けるかがポイントです。**

ポイントを確認しながら、次の例題を解いてみましょう。

Applicants must have at least five years of ------- work experience as well as excellent communication skills.

ルール **76**

コロケーションになっていないか考える

(A) related
(B) limited
(C) informed
(D) moved

ルール **75**

選択肢に同じ品詞→語彙問題

訳 応募者は高いコミュニケーションスキルに加えて、最低5年以上の関連した業務経験がなくてはならない。

(A) relate（他動 関係させる）の -ed/-en 形
(B) limit（他動 制限する）の -ed/-en 形
(C) inform（他動 知らせる）の -ed/-en 形
(D) move（他動 感動させる）の -ed/-en 形

WORDS ■ at least（少なくとも）

選択肢にすべて同じ品詞が並んでいれば語彙問題

（A）～（D）まで、すべて -ed/-en 形が並んでいます。異なる意味の同じ品詞が並んでいるときは語彙問題です。形で判断できることの多い文法問題とは違って、語彙問題では、原則として問題文を全部読みます。問題文を読んだ上で、各選択肢を入れ、うまく意味が通るかどうかで正解を判断します。

ルール**76** コロケーションになっていないかどうか考える

イディオム・語法とは別に、単語同士の組み合わせによって表現が決まるものをコロケーションと言います。語彙問題とわかったら、空所の前後を見て、コロケーションになっていないかどうか確認してみましょう。ここでは、related work experience を知っていれば、すぐに正解がわかります。

ルール**72** 問題文を読んで、文脈・内容的なつながりから判断する

applicants とは求人関係の語です。ここから、求人広告関係の文脈だと見抜ければ、関係して業務経験を問われるのだな、と推測をつけることができます。

【動詞句】

get hold of X（X と連絡を取る）

come in effect（実施される）

make up for X（X を埋め合わせる）

keep track of X（X の記録をつける）

take X over（X を引き継ぐ、買収する）

take turns（交替でする）

benefit from X（X から恩恵を得る）

be / run short of X（X に不足して／不足する）

【前置詞＋名詞】

in advance（前もって）

under construction（工事中の）

in terms of X（X の観点では）

without notice（予告なく）

UNIT
22

- in charge of X（X担当の）
- in a timely manner（適切なタイミングで）
- in detail（詳しく）
- in the long run（長期的には）
- at the latest（遅くとも）
- out of reach（手が届かない、力が及ばない）
- at no cost（無料で）
- out of stock（在庫切れで）

【be ＋形容詞＋前置詞】
- be eligible for X（Xの資格がある）
- be pleased with X（Xに喜ぶ）
- be necessary for X（Xに必要である）
- be accessible to X（Xを利用できる）
- be suitable for X（Xに適している）
- be accustomed to X（Xに慣れている）
- be responsible for X（Xの責任がある）
- be related / relevant to X（Xに関係がある）
- be associated with X（Xと関連する）
- be similar to X（Xと似ている）

ポイントを確認しながら、次の例題を解いてみましょう。

Sinclair Gas, Inc. is ------- an experienced salesperson for its branch in Springfield.

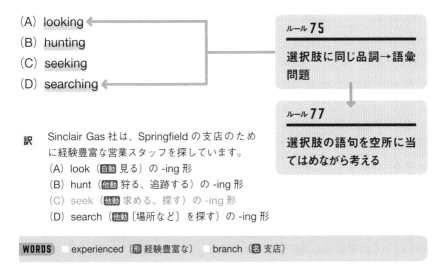

(A) looking

(B) hunting

(C) seeking

(D) searching

ルール **75**

選択肢に同じ品詞→語彙問題

ルール **77**

選択肢の語句を空所に当てはめながら考える

訳　Sinclair Gas 社は、Springfield の支店のために経験豊富な営業スタッフを探しています。

(A) look（**自動** 見る）の -ing 形

(B) hunt（**他動** 狩る、追跡する）の -ing 形

(C) seek（**他動** 求める、探す）の -ing 形

(D) search（**他動**〔場所など〕を探す）の -ing 形

WORDS　　□ experienced（**形** 経験豊富な）　□ branch（**名** 支店）

UNIT

22

　選択肢にさまざまな動詞の -ing 形が並んでいることから、語彙問題と判断し、問題文を読みます。「ガス会社が営業スタッフを〜している」と読み取れるので、空所には「探している」という意味の語が入ると推測できます。

　（A）の look は、自動詞なので直接目的語を取ることができません。looking for X で「X を探す」の意味なので、後ろに for があれば、正解になります。（B）の hunt は、hunt for X であれば「仕事を探す」の意味になりますが、問題文の主語は人ではなく「会社」なので、不自然です。（D）の search は場所を表す語を直接目的語に取りますが、「（もの）を探す」の場合には search for X の形で使われます。残った（C）seek（X を探す）のみが、直接目的語を取って「（もの）を探す」の意味を表します。

　TOEIC では、特に〈動詞＋名詞〉のコロケーションの知識がよく問われます。下のような代表的なものを覚えると同時に、英文を聞いたり読んだりする際に、このようなコロケーションを意識して知識を増やすようにしましょう。

> **! ビジネス・仕事の文脈で使われる重要コロケーション**
> - carry / convey a message（メッセージを伝える）
> - pay a visit to X（X を訪問する）
> - place an order（注文する）
> - drop a line to X（X に手紙を書く）
> - cause damage to X（X に損害を与える）
> - earn a living（生計を立てる）
> - make a choice（選択する）
> - make a decision（決定する）
> - raise a question（問題提起する）

次の英文の空所に当てはまる語を選びましょう。

1. Tom Peterson, executive vice president and chief financial officer of Californian Gateway, Inc., will ------- the company at the end of the year.
   (A) stop
   (B) end
   (C) complete
   (D) leave

2. Iowa State Electric & Gas Co. provides the option for employees to select basic medical coverage at no -------.
   (A) fare
   (B) salary
   (C) cost
   (D) rent

3. Barbara Dunville, the ------- president of Canadian Oil Co., will present for a one-hour at Montreal Technical College.
   (A) former
   (B) front
   (C) dated
   (D) earlier

UNIT
22

解答と解説

1.

解説 「会社を辞める」は leave the company と言い表すことを知っていれば、すぐに正解できるコロケーションの問題です。「〜を中止する」の意味の stop、「〜を終わらせる」の意味の end、complete は、the company を目的語に取っても「会社を辞める」の意味にはなりません。

正解 (D)

訳 Californian Gateway 社の取締役副社長兼最高財務責任者である Tom Peterson さんは、年末に会社を辞める予定です。
- (A) 他動「中止する」
- (B) 他動「終える、終わらせる」
- (C) 他動「完成させる」
- (D) 他動「去る」

WORDS ■ executive vice president（名〔取締役〕副社長）
■ chief financial officer（名 最高財務責任者）

2.

解説 at no cost（無料で）というイディオムを知っていれば、すぐに解ける問題。fare は乗り物などの「料金」、salary は労働に対して支払われる「給料」、rent はアパートなどの住居に払う「家賃」です。

正解 (C)

訳 Iowa State Electric & Gas 社は、従業員が基本医療保障を無料で選べるオプションを提供しています。
- (A) 名「料金」
- (B) 名「給料」
- (C) 名「費用、経費」
- (D) 名「家賃」

WORDS ■ option（名 選択〔権〕、オプション） ■ medical（形 医療の）
■ coverage（名 補償範囲）

3.

解説 空所には後ろの名詞 president を修飾する語が入ることがわかります。(A) former は「元の、かつての」の意味ですので、president と結びつ

いて「元社長」の意味になります。（B）front は、位置的に前のものを指すので不可。（C）の dated（時代遅れの）では文意が通じません。また、（D）の earlier は「（定刻・予定より）早めの」の意味なので不適当。

正解 (A)

訳 Canadian Oil 社の元社長 Barbara Dunville さんは、モントリオール工科大学で 1 時間の講演をする予定です。

(A) 形「前の、元の」
(B) 形「正面の、最前部の」
(C) 形「時代遅れの」
(D) early（形〔時間的に〕早めの）の比較級

WORDS ■ present（他動 発表する）

UNIT
22

❯ Part 5のルールのまとめ ❯ 198〜200ページを参照

197

UNIT 17 ～ 22 で学習したルールをもう一度確認しましょう。Part 5 は、まず選択肢から問題タイプを判別し、次に空所の前後から英文の形を判断するという手順で進めましょう。自信のない項目については、しっかり復習しておきましょう。

UNIT17 品詞問題は意味より形に注目

UNIT18 動詞の形の問題は、時制と動作主に注意

PART**6**

長文穴埋め
問題

UNIT 23
全体と部分を常に意識する

POINT

文章全体の「つながり」、「まとまり」というマクロな視点と個々の語のセンテンスでの役割というミクロな視点から英文を見られるかが正解に影響します。Part 5 で問われる文法事項も文脈の中でどう使われているか理解しているかが問われることが多いので注意が必要です。

ポイントを確認しながら、次の例題を解いてみましょう。

Questions 1-4 refer to the following article.

Dr. Tim Gutierrez's *How Things Work at your Office* ------- well since it came out
1.
this March. This 100-page book explains how a company is organized and -------
2.
people in each department do.

Dr. Gutierrez wrote the book in plain English and included a lot of illustrations. This is mainly for people with limited working experience. ------- Simon Flower,
3.
president of Raccoon, Inc., highly -------
4.
How Things Work at your Office.
"Everybody should read this to review the basics," he insists.

ルール **78**
文構造のキーになる語に注意する

ルール **79**
形からの判断を内容から確認する

ルール **80**
文挿入問題は、空所の前後の内容をチェックする

ルール **81**
語彙問題も文脈で選ぶ

1. (A) has been selling
   (B) was selling
   (C) sold
   (D) will sell

2. (A) which
   (B) what
   (C) who
   (D) that

3. (A) For example, many business leaders have already read it.
   (B) Generally, college graduates do not read on a regular basis.
   (C) Therefore, more and more copies are available on the Web site.
   (D) However, experienced business people also love this easy reader.

4. (A) generates
   (B) finalizes
   (C) appreciates
   (D) implements

　設問1は時制の問題です。ここでは、since it came out this March に注意すると、過去とつながりをもつ現在を表す時制が適切であると判断できます。have + -ed/-en 形はありませんが、過去から現在までの動作の継続および現在もその動作が行われていることを示す have + been + -ing の現在完了進行形があるので、これが正解だと判断できます。

　設問2では explains（V）how a company is organized（O）and という文構造が見抜ければ、接続詞の and は同じような文構造を要求することから、explains の動作の対象になる名詞のカタマリが and の後に来ることがわかります。それを可能にするのは（B）の what のみです。

　This ... book（S）explains（V）... what people in each department do（O）というのはやや難しい文法事項かもしれませんが、内容から考えると、which people（どの人々）、who people（誰が人々）、explains that people in each department do（各部署の人々がする、ということを説明する）は意味的に不適切であることがわかります。また、設問1から全体的に Dr. Tim Gutierrez の本の紹介ということがわかっていれば、現在を表す時制が最も適切だということがわかるわけです。内容・形式の両面に注意を払っていれば、片方の理解をもう片方が補うことができるので、そういう読み方を意識する必要があります。

　設問3は文挿入問題です。空所の前を見ると people with limited working experience とビジネス経験が少ない人のことを述べていて、後ろでは Simon Flower, president of Raccoon, Inc. と社長の名前が出ています。前後で相対する内容を述べているので、対比を表す However で始まる（D）が適切だとわかります。

　設問4は語彙問題ですが、文脈の中で意味が適切なものを選ぶ必要があります。ここでは、空所に入る動詞の主語である Simon Flower が次のセンテンス

で "Everybody should read this to review the basics," と、扱っている本に対して好意的な評価をしていることがわかります。このことから適切な動詞は (C) appreciates です。

訳 Tim Gutierrez 博士の『会社で物事はどう動くか』は今月3月に刊行されてからよく売れています。この100ページの本はどのように会社が組織されていて、それぞれの部署で人々は何をするのかを説明しています。Gutierrez 博士は極めて平易な英語でたくさんのイラストを入れています。この本は基本的に業務経験の乏しい人たちについての本です。しかしながら、経験豊富なビジネスパーソンもこの易しい本を気に入っています。Raccoon 社の社長 Simon Flower さんは『会社で物事はどう動くか』を絶賛しています。「みんなこの本を読んで、基本に戻るべきだ」と彼は言っています。

1. (A) sell（自動 売る）の have + been + -ing 形
   (B) sell の be 過去 + -ing 形
   (C) sell の過去形、あるいは -ed/-en 形
   (D) sell の未来形

2. (A) 関係代名詞 which
   (B) 関係代名詞 what
   (C) 関係代名詞 who
   (D) 関係代名詞、あるいは従属接続詞 that

3. (A) たとえば、多くのビジネスリーダーはすでにそれを読んでいる。
   (B) 一般的に、大学学部卒の人たちは定期的に本読むことはない。
   (C) それゆえに、たくさんの本がウェブサイト上で手に入れることができる。
   (D) しかしながら、経験豊富なビジネスパーソンたちもまたこの易しい本を気に入っている。

4. (A) generate（他動 生み出す）の -s 形
   (B) finalize（他動 終わらせる）の -s 形
   (C) appreciate（他動 評価する、感謝する）の -s 形
   (D) implement（他動 実行する）の -s 形

UNIT
23

WORDS ☐ come out（世に出る） ☐ organize（他動 組織する） ☐ include（他動 含む）
☐ limited（形 限られている） ☐ go back to the basics（基本に戻る）

205

次の英文の空所に当てはまる語・文を選びましょう。

Questions 1-4 refer to the following notice.

Dear Employees,

Note that a workshop by Joseph Fairfield of our IT department will be held on Friday, the 22nd, ------- 6:00 and 7:00. ------- The topic was
1.   2.
selected based on requests from a few department managers concerned with how their subordinates use such services.

Anyone who uses a social networking service on a regular basis is strongly ------- to participate in the workshop. If you plan to attend,
3.
please e-mail Moe Sawada in the human resources department as soon as possible. It helps us roughly estimate the number of attendees and prepare a room that can ------- them. Thanks for your
4.
cooperation.

---

1. (A) from
   (B) at
   (C) between
   (D) within

2. (A) The workshop is about how to use social networking services properly.
   (B) Please sign up for the workshop no later than July 17.
   (C) Details about the workshop will be announced soon.
   (D) We learned many of you have an account on social networking services.

3. (A) determined

   (B) encouraged

   (C) regarded

   (D) persuaded

4. (A) include

   (B) compose

   (C) contain

   (D) accommodate

解答と解説

1.

解説 前置詞や接続詞といった機能語の問題。文法ルールではなく文脈で正しいものを選ぶ必要があります。文脈から workshop についての話題であることがわかります。空所の後ろに 6:00 and 7:00 とあるので、イベントの開始・終了時刻を表す between X and Y が適切です。

正解 (C)

2.

解説 文挿入の問題です。空所の前は workshop が開かれるというニュースがなされ、後ろは The topic was selected ... とその workshop のトピックが社員からの要望で選ばれたことが述べられています。文章の「つながり」、「まとまり」を考えると、workshop のトピックについて述べたものが正解であることがわかります。

正解 (A)

3.

解説 語彙の問題ですが，文脈から判断する必要があります。空所を含む文の幹だけを抜き出すと Anyone is -------- to participate となり、workshop を紹介しているのだから、出席を促すのが自然です。したがって、答えは (B) encouraged です。(A) determined のように「決定され」、(D) persuaded「説得され」ているのはおかしいし、(C) regarded「みなされる」は X be regarded to do と使われること自体がほとんどありません。

正解 (B)

4.

解説 語彙の問題。下線部を含む文の幹を The room (S) ------ (V) attendees (O). ととらえたとき、動詞と名詞のコロケーション（結びつき）として適切なものを選ぶと、(D) accommodate が正解であることがわかります。(A) は The price for the Yamada Hotel includes breakfast.（Yamada Hotel の価格は朝食を含んでいる）、(B) は The group is composed of seven people.（そのグループは 7 名で構成されている）、(C) は The museum contains Mr. Stuart's works.（その

208

美術館には Stuart 氏の作品があります）のような使い方をそれぞれします。

正解 (D)

訳 問題 1 〜 4 は次のお知らせに関するものです。

従業員各位

弊社 IT 部の Joseph Fairfield によるワークショップが 22 日、金曜日 6 時から 7 時まで開かれます。ワークショップは SNS の正しい使い方についてのものです。トピックは部下の SNS の使い方を憂慮している何人かの管理職からの要望に基づいて選ばれました。

SNS を日常使っている社員はどなたもワークショップに奮って参加ください。もし、出席する予定であれば、できるだけ早く人事部の Moe Sawada までメールをください。出席者数を見積もって、全員が収容できる部屋を準備するのに必要なので、ご協力よろしくお願いします。

---

1. (A) 前「X から」（起点を表す）
   (B) 前「X に」（時間・位置の前に使われる）
   (C) 前（between X and Y で）「X と Y の間に」
   (D) 前「X 以内に」（範囲を表す）

2. (A) そのワークショップは正しい SNS の使い方についてのものです。
   (B) 7 月 17 日より前にワークショップにお申し込みください。
   (C) ワークショップに関する詳細は間もなく知らされます。
   (D) 私たちは皆さんの多くが SNS のアカウントを持っていることを知りました。

3. (A) determine（他動 決定する）の -ed/-en 形
   (B) encourage（他動 奨励する）の -ed/-en 形
   (C) regard（他動 みなす）の -ed/-en 形
   (D) persuade（他動 説得する）の -ed/-en 形

UNIT
23

4. (A) 他動「含む」
   (B) 他動「構成する」
   (C) 他動「含む」
   (D) 他動「収容する」

WORDS
- be concerned with X（X に関心がある）
- on a regular basis（定期的に〔＝ regularly〕） roughly（副 大雑把に）
- estimate（他動 見積もる）

▶Part 6のルールのまとめ ▶218ページを参照

UNIT 24
空所の前後の「つながり」と「まとまり」に注意する

POINT

Part 6 では、Part 5 で試されるような文法や語彙力が文脈の中で問われることが多いです。**空所を含むセンテンスだけでなく、視野を広げる意識を持つことが大切です。**

ポイントを確認しながら、次の例題を解いてみましょう。

Questions 1 through 4 refer to the following advertisement.

Channel 4 proudly announces this fall's new show, *Mark's Eyes*. This 50 minute reality show ------- the life of an American living in Japan. Mark Kielburger, host of the show, reports what he sees in his daily life and how he feels about it.

Mark's Eyes is quite different from other shows ------- foreign cultures. It does not broadcast any of the highly sophisticated culture of Japan. -------. -------, this show will tell you how ordinary Japanese people live and, based on Mark's reporting, how they see Americans, which will amaze you.

> **ルール 82**
> 時制や代名詞の問題は前後を見て判断する

> **ルール 83**
> キーワードに注意して、文章・パラグラフのテーマを見抜く

> **ルール 84**
> 前後の「つながり」に注意する

1. (A) describes
    (B) has described
    (C) will be described
    (D) was describing

2. (A) offering
    (B) inspiring
    (C) accommodating
    (D) featuring

3. (A) People in different places often have different cultures.
    (B) It helps American people start a new business in Japan.
    (C) There are no fancy sushi restaurants or tea ceremonies.
    (D) It will air between eight and nine on Friday evenings.

4. (A) Similarly
    (B) Additionally
    (C) Therefore
    (D) Instead

　Part 5 と違って、空所の前後の数語だけで解ける問題は Part 6 ではまれです。注意して、少し視野を広げて対応する必要があります。

　設問1は正しい動詞の時制を尋ねる問題です。空所を含むセンテンスだけでは、どの選択肢を入れても文法的には間違いにはなりません。しかし、前の文を見ると Channel 4 proudly announces this fall's new show ... Mark Kielburger, host of the show, reports ... と現在形が使われていて、文脈から今度の秋の番組の話であることがわかります。したがって、（B）現在完了形〈have ＋ -ed/-en 形〉（→ P.163）や（D）過去のある時点での動作を表す過去進行形〈was ＋ -ing 形〉は不適切です。（C）は未来を表す時制は使えるのですが、show と the life の意味関係を考えると、be ＋ -ed/-en 形で受け身にすることはおかしいことがわかります。したがって、正解は（A）の現在形です。

　設問2はコロケーションを知っていれば、番組を表す shows と結びつきの強い feature（特集する）の -ing 形が適切であることがわかります。このセンテンスから culture という語が繰り返し使われていることに注意してください。このパラグラフでは、新番組の文化の扱いについて述べています。次のセンテンスで highly sophisticated culture は放送しないと述べられているので、その内容を具体的に表現した(C)が正解です。fancy という言葉もヒントになっています。

　設問3に続く文に空所がありますが、選択肢を見ると副詞が入ることがわかります。さらに、文脈に合うものを選ぶ必要があります。洗練された、派手な文化は番組内にはない、と述べた後に、普通の日本人の生活が見られる、とあるので、instead が適切であることがわかります。

> **訳**　Channel 4 は自信を持って、今秋の新番組 *Mark's Eyes* について発表した。この50分のヴァラエティー番組は日本在住のアメリカ人の生活を描く。番組の司会者 Mark Kielburger が彼の日常生活で目にしたもの、感じたことを報告する。
> *Mark's Eyes* は外国文化を取り上げた他の番組とは大きく異なる。高度に洗練された日本文化を放送するわけではない。素晴らしい寿司レストランや茶道などは出てこな

い。代わりに、この番組では Mark のレポートからどのように普通の日本人が生活しているのか、彼らがアメリカ人をどう見ているかを伝える、そしてそれが驚かせるのだ。

1. (A) describe（他動 描く）の -s 形
   (B) has + describe の -ed/-en 形
   (C) will + be + describe の -ed/-en 形
   (D) was + describe の -ing 形

2. (A) offer（他動 提供する）の -ing 形
   (B) inspire（他動 印象づける）の -ing 形
   (C) accommodate（他動 収容する）の -ing 形
   (D) feature（他動 特徴付ける）の -ing 形

3. (A) 異なる場所に住む人々には異なる文化がある。
   (B) それはアメリカ人が日本でビジネスをするのに役立つ。
   (C) 派手な寿司レストランも茶道も出てこない。
   (D) 金曜日の8時から9時に放送される。

4. (A) 副「同じように」
   (B) 副「加えて」
   (C) 副「それゆえに」
   (D) 副「代わりに」

WORDS
- proudly（副 自信を持って） host（名 進行役） report（他動 記録する）
- quite（副 かなり） broadcast（他動 放送する） highly（副 極めて）
- sophicaticated（形 洗練された） ordinary（形 普通の） amaze（他動 驚かせる）

UNIT
24

213

次の英文の空所に当てはまる語・文を選びましょう。

Questions 1 through 4 refer to the following notice.

There is only one week left until we move to our new office at
Brookfield. This is a ------- reminder to review what you have to do by
1.
next Monday. First, you are required to remove all of the items in the
drawers of your desks and put them into cardboard boxes. -------
2.
employee is given five boxes. If you need more, you will find a stack
of cardboard boxes in front of the elevator on the third floor. -------
3.
Second, please attach a name tag to your computer. We have
arranged for your machine ------- to your new desk on Saturday. If
4.
you have further questions, do not hesitate to contact Noriko Ishihara
as soon as possible.

1. (A) costly
   (B) early
   (C) friendly
   (D) lively

2. (A) All
   (B) Each
   (C) Some
   (D) The

3. (A) Take as many as you need.
   (B) Get ready to move them.
   (C) Put all of them into one box.
   (D) Make yourself at home.

4. (A) was carrying
(B) to be carrying
(C) to be carried
(D) was carried

解答と解説

1.

解説 正しい語を選ぶ問題。いずれも -ly で終わる形容詞が並んでいます。This is (just) a friendly reminder はメールでよく使われる表現です。他の語は reminder との結びつきが悪いので不正解。

正解 (C)

2.

解説 限定詞を選ぶ問題。空所の後ろの employee は数えられる名詞なので、(A) Some、(C) All を伴う場合は複数形になるはずです。(B) The employee とすると特定の従業員を指していないといけませんが、文脈上それはおかしいので、正解は各従業員を表す (B) Each employee です。

正解 (B)

3.

解説 挿入するセンテンスを選ぶ問題。空所の後ろは、Second, ... と別のことを述べていて、空所の前はダンボールの話をしているので、正解は「必要なだけ持っていて良い」という内容の (A) です。

正解 (A)

4.

解説 動詞の形を選ぶ問題。空所を含むセンテンスの文構造を確認すると、We (S) have arranged (V) とすでに動詞部分はあるので、動詞部分を構成する (A)、(D) は誤りです。your machine と carry の意味関係を考えると、機器は「運ぶ」のではなく「運ばれる」ので、受け身を表す -ed/-en 形の (C) が正解。

正解 (C)

訳 問題 1 ～ 4 は次のお知らせに関するものです。

> Brookfield の新オフィスに移動するまで 1 週間を残すのみになりました。これは次の月曜日までにしなければならないことを確認するための連絡です。最初に、机の引き出しの中のものはすべて中身を出して、ダンボールにつめてください。各従業員は 5 箱ずつダンボールを与えられます。もし、それ以上必要な場合は 3 階のエレベーター前に積まれています。必要なだけお使いください。次に、コンピューターに名札をつけてください。各自のコンピューターは私たちが新しい机に土曜日に運びます。まだ質問がございましたら、遠慮なく Noriko Ishihara までご連絡ください。

1. (A) 形「値段のかかる」
   (B) 形「(時間的に) 早い」
   (C) 形「親切な」
   (D) 形「元気の良い」

2. (A) 限定「すべての」
   (B) 限定「それぞれの」
   (C) 限定「いくつかの」
   (D) 限定「その」

3. (A) 必要なだけお持ちください。
   (B) それらを運ぶ用意をしてください。
   (C) それらをすべて1つの箱に入れてください。
   (D) 遠慮なく、くつろいでください。

4. (A) was + carry (他動 運ぶ) の -ing 形
   (B) to be + carry の -ing 形
   (C) to be + carry の -ed/-en 形
   (D) was + carry の -ed/-en 形

WORDS ☐ review (他動 見直す) ☐ be required to *do*(…することを要求される)
☐ remove (他動 撤去する) ☐ a stack of X (X の山)
☐ cardboard box (名 ダンボール箱) ☐ not hesitate to *do*(遠慮なく…する)

UNIT
24

❯Part 6のルールのまとめ ❯218ページを参照

PART 6 ルールリスト

UNIT 23 〜 24 で学習したルールをもう一度確認しましょう。Part 5 と同様に、Part 6 もまず選択肢から問題タイプを判別し、次に空所の前後をチェックするという手順で進めます。自信のない項目については、しっかり復習しておきましょう。

UNIT23 全体と部分を常に意識する

UNIT24 空所の前後の「つながり」と「まとまり」に注意する

PART 7

読解問題

UNIT 25
記入用紙・請求書は、必要な情報だけを拾う

POINT

記入用紙や請求書など、フォーマットが決まっている文書では、設問と選択肢を手がかりに、必要な情報だけを探すことが重要です。**項目などの文字情報だけでなく、数字や日時が何を示しているかも把握しておきましょう。**

まず、ポイントを確認しながら設問を読み、次に設問の答えを探しながら、英文パッセージを読みましょう。

1. To whom was the bill sent?

    (A) An electrician

    (B) A mobile phone customer

    (C) An Internet service provider

    (D) A cable TV subscriber

> ルール **85**
>
> 請求書は項目をチェックする

2. By what date should Ms. Browning pay the bill?

    (A) April 1

    (B) April 15

    (C) March 1

    (D) March 31

> ルール **86**
>
> 日付問題→何の日付かに注意する

3. What is indicated on the bill?

    (A) All international roaming is free.

    (B) The bill was higher in February.

    (C) A previous bill has been left unpaid.

    (D) Money must be paid in cash.

> ルール **87**
>
> 「詳細情報」→ 選択肢と文書中の情報を突き合わせる

Questions 1-3 refer to the following billing statement.

Cellink Wireless
Keeping people in touch and offering business solutions

Payments: Call 1-600-555-2101
www.cellink-wireless.com/pay
Questions: Call 1-600-555-2105
www.cellink-wireless.com/bill

Account No.: 00000254-32-5894
Name: Ms. Joanne Browning
Invoice No.: 5345129
Billing Date: April 1
Due Date: April 15

設問 2 のヒント

Summary of Current Charges (March 1–March 31)

Description	Usage Fee	Free	Billed
Monthly Service	$30.00	$0.00	$30.00
Cellular	$50.60	$50.60	$0.00
Long Distance	$12.40	$0.00	$12.40
Voice & Messaging	$2.20	$0.00	$2.20
International Roaming	$11.00	$8.50	$2.50
Miscellaneous	$0.00	$0.00	$0.00
Total	$106.20	$59.10	$47.10

設問 1 のヒント

設問 3 のヒント

Previous Charges	Current Charges	Total Amount
$46.00	**$47.10**	**$93.10**

- Failure to pay previous charges will result in disconnection of your cell phone and automatic termination of your account.
- Miscellaneous charges include charges that are not tied to a specific service, such as activation fees, downloads, and equipment.

Receive and pay your bill online. We accept all major credit cards.
Register now at www.cellink-wireless.com/electronic_billing
Check out our specials, too, at www.cellink-wireless.com/specials

UNIT
25

　まず、Questions X-X refer to 〜を見て、文書タイプを確認します。記入用紙や請求書などでは、フォーマットにある項目にざっと目を通しておくと、文書の概要がつかめます。

　設問1は To whom で始まり「誰に送られたのか」と聞いていますが、選択肢には人名はないので、実際は「何の請求書か」が問われています。冒頭の会社名 Cellink からも、cell(ular) phone（携帯電話）が推測できますが、各項目にざっと目を通すと、請求明細に Cellular などとあるので、携帯電話サービス料金の請求書であると判断できます。

　日付の問題では、文書中に複数の日付が示されていることが多いので、「何の日付か」を確認する必要があります。文書中の表現が設問で言い換えられていることが多いので、注意しましょう。

　設問2は、By what date と期限を尋ねていますが、文書では due date（締切日）という語句が使われています。due date は TOEIC 頻出語なので必ず覚えましょう。文書の表の上に Due Date という項目があり、（B）の 4 月 15 日が正解とわかります。

　What is indicated? は「詳細情報」を尋ねる設問です。選択肢の情報を本文中から探し出し、1つ1つ突き合わせる必要があります。（A）は、International Roaming の項目で請求されています。（B）は前回の請求が 46 ドル、今回（3月分）が 47.10 ドルなので、誤り。Total Amount として前回分との合計額が示されていることから、先月分が未払いとわかるので、（C）が正解。（D）は、online や credit cards での支払いが可能と書かれているので不正解です。

訳　問題 1 ～ 3 は次の請求書に関するものです。

Cellink Wireless 社
人と人をつなぎ、ビジネス・ソリューションを提供します

お支払いに関するお問い合わせ：1-600-555-2101　顧客番号：00000254-32-5894
www.cellink-wireless.com/pay　　　　　　　　　お名前：Joanne Browning 様
お問い合わせ：1-600-555-2105　　　　　　　　請求書番号：5345129
www.cellink-wireless.com/bill　　　　　　　　　請求日：4 月 1 日
　　　　　　　　　　　　　　　　　　　　　　お支払い期日：4 月 15 日

今回の請求明細（3/1 － 3/31）

内訳	利用料金	無料分	請求額
月額使用料	$30.00	$0.00	$30.00
携帯電話	$50.60	$50.60	$0.00
長距離電話	$12.40	$0.00	$12.40
留守電・メッセージ	$2.20	$0.00	$2.20
国際ローミング	$11.00	$8.50	$2.50
その他	$0.00	$0.00	$0.00
合計	$106.20	$59.10	$47.10

前回請求額	今回請求額	合計金額
$46.00	$47.10	$93.10

- 前回の請求額をお支払いいただけない場合、携帯電話サービスの停止やアカウントの自動停止となることがあります。

- その他の項目には、設定工事手数料、ダウンロード料、機器など、特定のサービスに含まれない料金が算入されています。

オンラインで請求書を受け取り、お支払いいただけます。すべての大手クレジットカードがご利用できます。今すぐ www.cellink-wireless.com/electronic_billing でご登録ください。
また www.cellink-wireless.com/specials で特別サービスをご確認ください。

---

1. この請求書は誰に送られたものですか。
　（A）電気技師
　（B）携帯電話サービスの顧客
　（C）インターネットのプロバイダー
　（D）ケーブルテレビの加入者

2. Browning さんは何日までに料金を支払わなければなりませんか。
　（A）4 月 1 日
　（B）4 月 15 日
　（C）3 月 1 日
　（D）3 月 31 日

3. 請求書にはどんなことが示されていますか。
    (A) すべての国際ローミングは無料である。
    (B) 2月分の請求額の方が高い。
    (C) 以前の請求分が未払いのままになっている。
    (D) 料金は現金で払わなければならない。

WORDS
- bill (名 請求書)　- electrician (名 電気技師)　- subscriber (名 加入者、購読者)
- in cash (現金で)　- solution (名 解決)　- current (形 現在の)
- charge (名 請求)　- miscellaneous (形 雑多な)　- disconnection (名 切断、断絶)
- activation (名 起動、活性化)

練習問題

TOEIC 形式の問題に挑戦してみましょう。

Questions 1-2 refer to the following form.

Travel Expense Request Form

Contact the Accounting Dept. if you have any questions (Extension 4567)

Details		Date (a)	$ Per Day	No. of Days	Subtotal ($)
Lodging	York Hotel	May 5 to 7	130.00	3 nights	390.00
Meals	Hotel Breakfast	May 6 to 8	12.00	3	36.00
	La Scala	May 6	-	-	23.50
	The Kingston	May 7	-	-	67.50
Transportation	Vancouver – Calgary	May 5	-	-	-
(Round Trip)		May 8	-	-	480.00
Airport Bus		May 5 & 8	25.00	2	50.00
Taxi		May 5 to 8	-	-	60.50
Other					

TOTAL: $1,107.50

Purpose of Travel: Price negotiations with Calpro, Inc.

Travel Dates（Departure through to Return）: May 5 to May 8, 2010

Name: Janet Reule	Approved by the Following Supervisor
Employee ID: 789123	Name: James Koski
E-mail Address: j-reule@wiscon.com	Department: Sales
Signature: J. Reule	Title: Department Manager
Date of Request: May 9, 2010	Signature: J. Koski

Date: May 9, 2010

* Note: A minimum of 5 business days is required for processing this request.

1. What department does Ms. Reule work in?

(A) Accounts

(B) Inventory

(C) Sales

(D) Quality Control

2. How did Ms. Reule go to Calgary?

(A) By airplane

(B) By bus

(C) By taxi

(D) In her own car

解答と解説

1.

解説 請求書の「詳細情報」なので、項目をざっと見ながら必要な情報を拾います。キーワードの Ms. Reule を文書中に探すと、表の下の方に、申請者の基本情報を記入する箇所があります。右側に直属の上司の名前が書かれており、その下に Sales とあるので、これが正解になります。

正解 (C)

2.

解説 Calgary への交通手段を聞いているので、Transportation の項目を見ます。Vancouver – Calgary、Round Trip の下に Airport Bus とあるので、飛行機を使ったことがわかります。(B) の bus、(C) の taxi はホテルや取引企業への交通手段なので不正解。

正解 (A)

訳 問題 1 ~ 2 は次のお知らせに関するものです。

出張経費申請書 質問は経理課までお願いします（内線 4567）					
明細		日付	1 日当たりの料金（$）	日数	小計（$）
宿泊	York ホテル	5/5-5/7	130.00	3 泊	390.00
食事	ホテル朝食	5/6-5/8	12.00	3	36.00
	La Scala	5/6	-	-	23.50
	The Kingston	5/7	-	-	67.50
交通	バンクーバー －カルガリー	5/5	-	-	-
（往復）		5/8	-	-	480.00
空港バス		5/5、5/8	25.00	2	50.00
タクシー		5/5-5/8	-	-	60.50
その他					
					総計：$1,107.50

出張目的：Calpro 社との価格交渉

日程（出発から帰りまで）：2010 年 5 月 5 日～5 月 8 日

氏名：Janet Reule

社員 ID：789123

下記の上司による承認済み

氏名：James Koski

E メールアドレス：j-reule@wiscon.com	部署：営業
署名：J. Reule	役職：部長
申請日：2010 年 5 月 9 日	署名：J. Koski
	署名日：2010 年 5 月 9 日

* 注：申請の処理には少なくとも 5 営業日かかります。

---

1. Reule さんはどの部署で働いていますか。
   - （A）経理
   - （B）在庫管理
   - （C）営業
   - （D）品質管理

2. Reule さんはどのような方法でカルガリーに行きましたか。
   - （A）飛行機
   - （B）バス
   - （C）タクシー
   - （D）自分の車

WORDS
- extension（名 内線〔番号〕）　　lodging（名 滞在場所、宿泊〔施設〕）
- round trip（名 往復〔切符〕）　　negotiation（名 交渉）　　departure（名 出発）
- business day（名 営業日）　　require（他動 必要とする）　　process（他動 処理する）
- inventory（名 在庫、棚卸し〔表〕）　　quality（名 品質）

▶ Part 7のルールのまとめ ▶ 266〜267ページを参照

UNIT26
広告・告知文は
目立つ部分に注目

POINT

広告・告知文では、まず「何の広告・告知か」、「想定される読み手は誰か」を把握することが必要です。**重要な情報は、太字や大きい字で目立つように書かれているので、それらを拾うように読んでいくといいでしょう。**

まず、ポイントを確認しながら設問を読み、次に設問の答えを探しながら、英文パッセージを読みましょう。

1. What is being advertised?

   (A) A fitness center

   (B) A restaurant

   (C) A football club

   (D) A clothing store

> ルール**89**
>
> 「何の広告か」は、冒頭・目立つ部分がカギ

2. How do the customers get a discount?

   (A) By calling the number on the flier

   (B) By enrolling in early July

   (C) By bringing an ad

   (D) By joining before the opening day

> ルール**87**
>
> 「詳細情報」→ 選択肢と文書中の情報を突き合わせる

Questions 1-2 refer to the following **advertisement.**

Opening on Monday, June 9

A brand new gym, THE BODYWORKS,
is set to open soon!
Come take advantage of our special offer!

Why choose THE BODYWORKS?

1. Great Location
Located downtown on the corner of Maitland Avenue and
Davis Street. Very convenient, whether you want to drop in
for a short workout at lunchtime or a longer one before or
after work.

2. Great Facilities
Everything you need for a complete workout including
state-of-the-art machines, saunas, jacuzzis, pools, plus a
great sound system and more!

3. Professional Trainers
A team of qualified trainers to guide you through the best
program to fit your needs.

4. Special Offer!
Bring this flier when you sign up to get a three-month
membership for just $49.95!

- Offer valid from June 9 to June 20.
- Normal price for a three-month membership: $119.95
           Six-month membership: $219.95
           One-year membership: $399.95

    Call 987-555-6540 for more information.

ルール **88**

広告は、「商品」、
「対象」、「連絡先」
が問われる

設問 1 のヒント

設問 2 のヒント

UNIT
26

229

最初に Questions X-Y refer to ～を読み、文書タイプが広告であることを確認します。広告では、「どんな商品・サービスか」、「誰に対する広告か」が問われます。これは冒頭や目立つ部分に注意すれば対応できます。また、「申し込み先」や「問い合わせ先」などもよく問われますが、これは主に文書の最後にあります。

設問1では、「何の広告か」が問われています。目立つ部分に注意しながら広告をざっと見ると、一番上の日付のすぐ下に書かれた THE BODY WORKS という大きな文字が目に入ります。これが広告されているものの内容で、その前を見ると gym という語があります。したがって、gym を言い換えた（A）A fitness center が正解になります。

設問2では、「割引を受ける方法」が問われています。このような「詳細情報」を問う設問では、文書中の箇条書きや小見出し部分を素早く読み、当てはまる項目を探します。

例題の文書の中には discount という語句は出てきません。文書中の箇条書きにある項目4の Special Offer が discount と同じ意味で使われていることに気づくことが大切です。大きな文字で書かれた料金 $49.95 もヒントになります。項目4を読むと、Bring this flier とあり、flier を ad と言い換えた（C）が正解とわかります。

訳　問題1～2は以下の広告に関するものです。

> 6月9日、月曜日にオープン
>
> 新しいスポーツジム、BODYWORKS がまもなくオープンします！
> 特典サービスをご利用ください！
>
> BODYWORKS を選ぶ理由
>
> 1. すばらしい立地
>
> 中心街の Maitland 大通りと Davis 通りの角にあります。昼食時の短い運動にも、あるいはお仕事の前後の長めの運動にも、立ち寄るのにとても便利です。

2. 充実した設備

最新式のマシン、サウナ、ジャグジー、プール、最高の音響設備他、完璧な運動に必要なものがすべてそろっています。

3. プロのトレーナー

資格を持つトレーナー陣が、あなたのニーズに合う最適なプログラムで指導します。

4. 特典

ご登録の際には、このチラシをご持参ください。3カ月分の会費がわずか49.95ドルになります！

- このサービスは6月9日から6月20日まで有効です。

- 通常の会費は、3カ月：119.95ドル
  6カ月：219.95ドル
  1年：399.95ドル

詳しくは987-555-6540にお電話ください。

1. 何が宣伝されていますか。

    (A) フィットネスセンター
    (B) レストラン
    (C) フットボール・クラブ
    (D) 洋品店

2. 顧客はどのようにして割引を受けることができますか。

    (A) チラシの番号に電話する
    (B) 6月の初めに入会する
    (C) この広告を持参する
    (D) 開館日より前に入会する

WORDS ☐ discount（名割引） ☐ enroll（自動 入会する、登録する） ☐ flier（名チラシ）
☐ be set to *do*（…することになっている） ☐ take advantage of ～（～を利用する）
☐ drop in（訪ねる、立ち寄る） ☐ state-of-the-art（形 最新式の）
☐ qualified（形 資格［能力］のある） ☐ guide A through B（A を B へと導く）
☐ sign up（契約する、〔署名して〕加わる） ☐ valid（形 有効の）

UNIT
26

TOEIC 形式の問題に挑戦してみましょう。

Questions 1-4 refer to the following announcement.

Notice to Prospective Passengers

On June 19, the Massachusetts Subway will begin running trains without conductors for the purpose of reducing personnel expenses. This means the driver of the train will also operate the doors.

Safety issues have already been addressed with the installation of fully automated safety mechanisms in April, and as a lot of passengers are already aware, platform doors were installed in August last year. Prospective passengers can rest assured that one-person train operation has already been adopted in many countries in Europe and Asia, and with the installation of similar safety measures, it has proven to pose no greater threat to passenger safety. In fact, automated safety mechanisms cut out the human error factor, and the installation of platform doors has already led to a significant reduction in accidental falls in the last nine months. However, we urge passengers not to jump into the train after they hear the announcement and signal indicating that the doors are closing.

For inquiries, contact the Boston Transport Authority（BTA）:

654-555-3210

inq@bta.com

1. What is the main purpose of the notice?

   (A) To announce a change in train operations

   (B) To notify the public of a new station

   (C) To advertise for train staff

   (D) To ask commuters for their opinion

2. Under the new system, what should customers do?

   (A) Open and close doors themselves

   (B) Accept an increase in fares

   (C) Review safety procedures over and over

   (D) Board the train before a signal

3. When will the new system start?

   (A) In April

   (B) In May

   (C) In June

   (D) In August

UNIT
26

1.

解説 告知文の「目的」を問う設問なので、冒頭部分を読みます。第1段落 the Massachusetts Subway will begin running trains without conductors および the driver of the train will also operate the doors から、「車掌の乗務がなくなり、ワンマン運転に切り替える」という変更についての告知とわかります。この内容を言い換えた（A）の To announce the change in the train operation が正解です。

正解 (A)

2.

解説 「顧客に求められる行動」が問われているので、読み手に呼びかけているような表現を探します。すると、最後の文に〈urge X to do〉「人が…するよう促す」の表現があり、「顧客に求められる行動」は not to jump into the train after they hear the announcement and signal indicating that the doors are closing だとわかります。正解はこれを言い換えた（D）になります。冒頭の第2文に「運転士がドアの操作も行う」とあるので、（A）は誤り。また、冒頭に人件費削減についての記述があるものの、（B）の運賃については記述がありません。（C）安全手順の確認についての記述もありません。

正解 (D)

3.

解説 このような「詳細情報」が問われている場合は、文書中から日付を探し、その前後が、問われている内容と一致しているか確認します。冒頭の6月19日が新しいシステム（ワンマン運転）の開始日なので、（C）が正解。（A）4月は安全装置が設置されたとき、（D）8月はホームのスクリーン・ドアが設置されたときです。（B）5月については記述がありません。

正解 (C)

訳 問題1〜3は次のお知らせに関するものです。

電車をご利用のお客様へのお知らせ

6月19日、マサチューセッツ地下鉄は人件費削減のため、車掌の乗務なしでの電車の運行

を開始いたします。したがって、電車の運転士がドアの操作も行うことになります。

安全面の問題については、4月に完全自動化安全装置の設置をもって、すでに対処しております。乗客のみなさまの多くがすでにお気づきのように、昨年8月にホームのスクリーン・ドアが設置されました。みなさまにご安心いただきたいことは、ワンマン運転はヨーロッパやアジアの多くの国ですでに採用されており、同様の安全装置を設置することで乗客の安全が脅かされることはないとわかっていることです。事実、自動安全装置は人為的ミスの要因を取り除き、ホームドアの設置により過去9カ月不慮の落下が大幅に減少しました。しかしながら、乗客のみなさまには、ドアが閉まるアナウンスと合図が聞こえた後に、電車に飛び乗るようなことはなさらないよう、お願い申し上げます。

ご質問については、ボストン交通局（BTA）までご連絡ください。
654-555-3210
inq@bta.com

1. このお知らせの主な目的は何ですか。
   (A) 電車の運転に関する変更を知らせる
   (B) 一般の人に新しい駅について知らせる
   (C) 駅員の求人広告を出す
   (D) 通勤客に意見を求める

2. 新しいシステムにおいて、利用客は何をするべきですか。
   (A) ドアの開閉を自分で行う
   (B) 運賃値上げを受け入れる
   (C) 安全手順を何度も確認する
   (D) 合図の前に電車に乗る

3. 新しいシステムが始まるのはいつですか。
   (A) 4月
   (B) 5月
   (C) 6月
   (D) 8月

WORDS

- prospective（形 見込みのある、予想される） □ conductor（名 車掌）
- reduce（他動 減らす cf. 名 reduction） □ personnel expense（名 人件費）
- operate（他動 操作する） □ address（他動 対処する）
- installation（名 設置 cf. 他動 install） □ automated（形 自動化された）
- rest assured that ～（～ということに安心する） □ adopt（他動 採用する）
- factor（名 要因） □ significant（形 大幅の、重要な）
- accidental（形 不慮の、突発的な）

UNIT
26

▶ Part 7のルールのまとめ ▶ 266～267ページを参照

UNIT 27
手紙・Eメールは「書き手」、「読み手」、「目的」を確認

POINT

手紙・E メールについては、書式が決まっているので、形式に慣れてしまえば、比較的容易に対応できます。**最初に、宛先（読み手）、送信者（書き手）、件名（Subject）を確認しておきましょう。**

まず、ポイントを確認しながら設問を読み、次に設問の答えを探しながら、英文パッセージを読みましょう。

1. Who are the intended readers?
   - (A) Hotel guests
   - (B) Tour guides
   - (C) Office employees
   - (D) Door staff

ルール **91**

「読み手」は宛先をチェックする

2. When does the information desk close?
   - (A) At 9:00 A.M.
   - (B) At 11:00 A.M.
   - (C) At 3:00 P.M.
   - (D) At 5:00 P.M.

ルール **92**

「詳細情報」はキーワードを手がかりに探す

3. According to the memo, what is NOT allowed?
   - (A) To go directly to the room without a reservation
   - (B) To use the room after the information desk is closed

ルール **93**

NOT 問題は、各選択肢を突き合わせて正誤を判断する

(C) To leave the door open during late hours

(D) To reserve and use a room on the same day

ルール**90**

文書タイプを確認する

Questions 1-3 refer to the following memo.

MEMO

To: All office staff
From: Margery Wong, Information Desk
Date: May 8
Subject: New Guidelines for Use of Meeting Rooms

New guidelines have been set regarding the use of meeting rooms, as follows:

1) Room users will need to book a room at least two hours before a meeting. Those who intend to have a meeting before 9:00 A.M. will need to book a room on the previous day.

2) Check-in / Check-out is required at the Information Desk. Room users will receive and return the key there.

3) The Information Desk is open 9:00 A.M. - 5:00 P.M. Those who need to use a meeting room before 9:00 A.M. can go directly to the booked room. The door will be left open from the previous day. Those who leave a meeting room after 5:00 P.M. will need to leave the door unlocked for possible early morning users and return the key to the red box on the Information Desk.

These new guidelines will ensure that rooms are allocated and used smoothly at all times. They will also help to prevent people from walking into rooms by mistake during meetings. Thank you for your cooperation.

Margery Wong
Information Desk

設問 1 のヒント

設問 3 のヒント

設問 2 のヒント

UNIT
27

237

ルール 90　最初に文書タイプを確認する

　まず、Questions X-Y refer to ～から、文書タイプがメモであることを確認します。社内メモ、ビジネスメール、E メールでは、「書き手」、「読み手」、「職業・役職」などをチェックするのが鉄則です。

ルール 91　「読み手」、「書き手」は、宛先・送信者名をチェックする

　設問 1 では「読み手」について問われています。社内メモや E メール・手紙などでは、宛先や送信者などが一番上のヘッダーに記載されており、ここから「読み手」と「書き手」に関する情報が得られます。例題では、To: All office staff から、全従業員に宛てたものとわかります。

ルール 92　「詳細情報」はキーワードを手がかりに探す

　設問 2 では「information desk がいつ閉まるか」が問われているので、キーワード information desk と close、それに類する言葉を本文中から探します。

　ここでは、項目 3 の The Information Desk is open 9:00 A.M. - 5:00 P.M. から、すぐに正解がわかります。

ルール 93　NOT 問題は各選択肢を突き合わせて正誤を判断する

　NOT 問題では、各選択肢に関する記述を文書中から探し、1 つ 1 つ正誤を確認しないといけません。選択肢の表現をキーワードに、文書中から該当箇所を探します。設問文に NOT allowed とあるので、許可や禁止を表す表現に注意しましょう。

　（A）は without reservation が項目 1 の内容と矛盾するので正解。また、項目 3 の「5 時以降に会議室を退室する利用者は鍵を開けておくこと」や「ドアは前日から開いたままにしてあります」から、（B）、（C）は不正解。（D）は本文中に記述がないので、不正解です。

訳　問題 1 ～ 3 は次のメモに関するものです。

MEMO

宛先：従業員のみなさんへ
発信者：Margery Wong、受付
日付：5 月 8 日
件名：会議室の利用に関する新たな指針

会議室の利用に関する新しい指針が次のように決まりました：

1) 会議室の利用者は遅くとも 2 時間前には部屋の予約が必要になります。午前 9 時前に会議を行う予定の場合は、前日に予約する必要があります。

2) 受付での入室・退室の手続きが必要になります。利用者は受付で部屋の鍵を受け取り、返却していただきます。

3) 受付は午前 9 時から午後 5 時までです。午前 9 時前に会議室を利用する必要のある方は、予約した部屋に直接おいでください。ドアは前日から開いたままにしてあります。午後 5 時以降に会議室を退室する利用者は、翌日早朝の利用者のためにドアの鍵を開けたままにし、受付にある赤い箱に鍵をお返しください。

これらの新しい指針は、部屋が常に円滑に割り当てられ、利用できるようにするためのものです。また、誰かが会議中に誤って部屋に入ってしまうのを防ぐのにも役立ちます。みなさんのご協力をお願いします。

Margery Wong
受付

---

1. 対象となる読み手は誰ですか。
   (A) ホテルの宿泊客
   (B) ツアーガイド
   (C) 従業員
   (D) ドア係

2. 受付が閉まるのはいつですか。
   (A) 午前 9 時
   (B) 午前 11 時
   (C) 午後 3 時
   (D) 午後 5 時

3. メモによると、許可されていないことは何ですか。
   (A) 予約なしに直接部屋に行くこと

(B) 受付が閉まった後に部屋を使うこと
(C) 遅い時間にドアを開けたままにしておくこと
(D) 同じ日に部屋を予約し、使うこと

WORDS
- intended（形 意図された、対象となる） ■ managerial（形 管理の、経営〔者〕の）
- information desk（名 受付、案内所） ■ guideline（名 指針）
- regarding（前 X に関する〔＝ about〕） ■ as follows（次のとおりで）
- ensure（他動 保証する） ■ allocate（他動 割り当てる）
- prevent X from *doing*（他動 X が…するのを防ぐ） ■ cooperation（名 協力）

TOEIC 形式の問題に挑戦してみましょう。

Questions 1-4 refer to the following e-mail.

To:	All employees
From:	Anita Mitchell ＜amitchell@abc-tech.com＞
Date:	March 31
Subject:	ID Cards to be Renewed

The company ID cards will be renewed over the next couple of weeks. The new cards will be able to record every entrance and exit time, and will be used for checking your attendance; so, you won't have to turn in your monthly time sheet after the new system is introduced. The old cards will become invalid no later than April 15, so please hurry and make the switch by then. To get a new card, you will need to submit an application form to us at the Human Resources Department. The application form can be obtained from the company Web site below by typing in the ID and password:

http://www.abc-tech.com/id_application_form.html
ID： abc-tech
Password： apply4ID

It will take 2 or 3 days to process the application and issue a new card, so applications must be submitted no later than April 12.
If you have any questions, please e-mail me or Ms. Laura Mandell, my assistant, at: lmandell@abc-tech.com.
Thank you,

Anita Mitchell

UNIT 27

1. What is the purpose of the e-mail?
   - (A) To advertise an open position
   - (B) To urge employees to change identification cards
   - (C) To promote a company Web site
   - (D) To announce changes to employee salaries

2. Where is the application form available?
   - (A) From Ms. Mitchell
   - (B) At the entrance gate
   - (C) From Ms. Mandell
   - (D) On the company Web site

3. What department does Ms. Mandell work in?
   - (A) Customer service
   - (B) Technology development
   - (C) Personnel
   - (D) Accounting

4. What will happen on April 15?
   - (A) They will stop taking requests for new cards.
   - (B) The old card will be of no use.
   - (C) Request forms will become available.
   - (D) Employees will start using time cards.

解答と解説

1.

解説 E メール の「目的」を問う設問なので、件名を確認します。Subject: ID Cards to Be Renewed の部分を見れば、本文を読まなくても解ける問題です。このような問題は確実に正解できるようにしましょう。

正解 (B)

2.

解説 「詳細情報」を問う設問なので、キーワード application を探します。第 1 段落の最後の文 The application form can be obtained from the company Web site below から、(D) が正解とわかります。

正解 (D)

3.

解説 「部署名」を問う設問。Ms. Mandell という名前を探すと、最後の方に please e-mail me or Ms. Laura Mandell, my assistant という部分があり、書き手のアシスタントであることがわかります。書き手の所属する部署については、少し上に you will need to submit an application form to us at the Human Resources Department とあり、人事部とわかります。Human Resources が、選択肢 (C) では Personnel と言い換えられていますね。

正解 (C)

4.

解説 「詳細情報」を問う設問なので、キーワード April 15 を探しながら読んでいくと、The old cards will become invalid no later than April 15 とあります。invalid (無効な) の意味を知っていれば、それを of no use と言い換えた (B) が正解とわかります。invalid、valid はやや難しい語ですが、TOEIC の頻出語ですので、しっかり覚えておきましょう。

UNIT 27

正解 (B)

問題 1 〜 4 は次の E メールに関するものです。

宛先：全従業員
送信者：Anita Mitchell ＜ amitchell@abc-tech.com ＞
日付：3 月 31 日
件名：ID カードが新しくなります

当社の ID カードが 2 週間で更新されます。新しい ID カードは出社・退社時間をすべて記録でき、出社記録の管理に利用されますので、新システムの導入後は毎月のタイムシートを提出する必要がなくなります。4 月 15 日以降は古いカードは無効になりますので、それまでに必ず更新をしてください。新しいカードを得るためには、人事部に申請用紙を提出する必要があります。申請用紙は ID とパスワードを使って、以下の会社のウェブサイトから入手できます：
http://www.abc-tech.com/id_application_form.html
ID：　　　　 abc-tech
パスワード：　 apply4ID
申請用紙の処理と新しいカードの発行には 2、3 日かかりますので、4 月 12 日までに申請用紙を提出する必要があります。
ご質問がありましたら、私かアシスタントの Laura Mandell（lmandell@abc-tech.com）まで E メールでご連絡ください。
よろしくお願いします。
Anita Mitchell

---

1. この E メールの目的は何ですか。
   (A) 欠員募集の広告を出す
   (B) ID カードの変更を促す
   (C) 会社のウェブサイトを宣伝する
   (D) 従業員の給与の変更を知らせる

2. 申請用紙はどこで手に入れることができますか。
   (A) Mitchell さんから
   (B) 入口のゲートで
   (C) Mandell さんから
   (D) 会社のウェブサイトで

3. Mandell さんはどの部署で働いていますか。
   (A) 顧客サービス部
   (B) 技術開発部
   (C) 人事部
   (D) 経理部

4. 4 月 15 日に何が起こりますか。
   (A) 新しいカードの申請受付を止める。
   (B) 古いカードが無効になる。
   (C) 申請用紙が手に入るようになる。
   (D) 従業員がタイムカードを使い始める。

| WORDS | ☐ renew（**他動** 更新する） ☐ entrance（**名** 入口、入場） ☐ exit（**名** 出口、退場）
☐ attendance（**名** 出席） ☐ turn in X（X を提出する）
☐ time sheet（**名** 勤務時間記録表） ☐ invalid（**形** 無効な〔↔ valid〕）
☐ obtain（**他動** 得る） ☐ no later than X（X までに） |

❯ Part 7のルールのまとめ ❯ 266〜267ページを参照

UNIT28
記事は構成から内容を判断して解く

POINT

新聞・雑誌記事は、文字量が多く難しく感じますが、構成がしっかりしているので、必要な情報を探しやすいタイプの文書と言えます。記事の「主題」は冒頭部分に、また重要な情報は大概各パラグラフの最初に書かれています。

まず、ポイントを確認しながら設問を読み、次に設問の答えを探しながら、英文パッセージを読みましょう。

1. Where most likely is the article found?
   - (A) In a local newspaper
   - (B) In a sports magazine
   - (C) In a scientific journal
   - (D) In a guide book

ルール **95**

記事の「媒体」を尋ねる設問

2. What is the purpose of the article?
   - (A) To notify about changes to available classes
   - (B) To inform people of a new school
   - (C) To promote a new local company
   - (D) To announce the operation of a new facility

ルール **96**

「主題」はタイトルと冒頭をチェックする

3. According to the article, what is NOT offered?
   - (A) Morning courses for school children
   - (B) Music lessons
   - (C) Courses to teach basic PC skills
   - (D) Classes for teenagers

ルール **93**

NOT 問題は、各選択肢を突き合わせて正誤を判断する

4. In which of the postions marked [1], [2], [3], and [4] does the following sentence best belong?

"After the ribbon cutting ceremony, the mayor will be taken on a brief guided tour."

ルール **97**

設問文のキーワードを手が かりに探す

(A) [1]
(B) [2]
(C) [3]
(D) [4]

ルール **94**

記事はタイトルと冒頭文を 読む

Questions 1-2 refer to the following article.

A New Community Center to Open March 1

TOLEDO (February 25)—A community center is scheduled to open in Toledo, Ohio, on the corner of Franklin Avenue and Cherry Street. —[1]—. The new center will have something for just about everyone in the community. Whole families can have fun and make use of not only the pools, playground, and gym, but also a computer lab and a teen life center. —[2]—. A wide array of programs will be offered too, for learners of all ages, e.g. dance classes, teen programs, before & after-school programs, senior programs, and computer literacy programs. The director of the community center, Allan Grant, invites anyone interested to give the center a call, or better still, drop in for a visit to check out details of all the great courses provided. The center will open on Saturday, March 1. —[3]—. Members of the community are welcome to come and watch the opening ceremony starting at 9:00 A.M., which will be attended by the mayor, Greg Niklasen. —[4]—. The center will officially become open to the general public from 10:30 A.M. on the same day.

設問 2 のヒント

設問 1 のヒント

設問 3 のヒント

設問 4 のヒント

UNIT

28

　文書タイプが記事なので、タイトルと冒頭文を読みます。本文の冒頭部分で TOLEDO と地名が示されていますが、これは典型的な新聞記事のスタイルなので、覚えておきましょう。

　設問 1 は、記事の「媒体」を尋ねています。媒体名が明示されていることは少ないので、内容から判断しましょう。ここでは、冒頭文のスタイルとタイトルの Community Center から、地元に密着した新聞記事であることが判断できます。

　設問 2 は、記事の「目的」を問う設問です。記事の「目的」→記事の「主題」なので、タイトルと冒頭文を確認します。ここでは、タイトルの A New Community Center to Open を operation of a new facility と言い換えた（D）が正解です。

　NOT 問題では、文書で「言及されているかどうか」を検証します。設問 3 では offered とあるので、具体的なサービス内容について探します。すると、A wide array of programs will be offered で始まる箇所に、具体例が挙げられているので、これを選択肢と比較します。before & after-school programs が（A）、computer literacy programs が（C）、teen programs が（D）に、それぞれ相当します。（B）に関する言及はされていないので、これが正解です。

　パッセージ中のいずれかにセンテンスを挿入する問題は、挿入するセンテンス中のキーワードから判断します。設問 4 には the ribbon cutting ceremony, the mayor, という語があるので、これらと同じ、あるいは似た表現を探します。すると、最後の方に watch the opening ceremony starting at 9:00 A.M., which will be attended by the mayor, Greg Niklasen. とあるので、（D）[4] が正解とわかります。

248

訳　問題 1 ～ 4 は次の記事に関するものです。

> 3 月 1 日に新しいコミュニティーセンターがオープン
>
> TOLEDO——オハイオ州 Toledo の Franklin 通りと Cherry 通りの角に、コミュニティーセンターがオープンする。この新しいセンターは、地域のほとんどすべての人々にとって耳寄りな話である。家族全員で楽しむことができ、プールや遊び場、ジムだけでなく、コンピュータ室やティーンエイジャー向けのライフセンターまで利用できる。すべての年齢層のための、さまざまなプログラムも提供される予定だ。例えば、ダンスクラス、ティーンエイジャー向け、登校前、放課後、高齢者向け、コンピュータ技能講座などである。コミュニティーセンター所長の Allan Grant さんは、興味のある人は誰でも電話し、あるいはできれば実際に訪れて、提供されているすばらしい講座のすべてを見学し、詳細を検討してほしいと述べている。同センターは 3 月 1 日、土曜日にオープンの予定。午前 9 時に始まる開館式には、地元住民が自由に参加でき、Greg Niklasen 市長の出席が予定されている。[テープカットのセレモニーのあと、市長はガイドとともに館内を短い時間見て回る予定である。]同センターは同日の午前 10 時 30 分から正式に一般に開放される。

1. この記事はどこで見つけられると考えられますか。
   (A) 地方紙
   (B) スポーツ雑誌
   (C) 科学雑誌
   (D) ガイドブック

2. この記事の目的は何ですか。
   (A) 空いているクラスへの変更を知らせる
   (B) 新しい学校について人々に知らせる
   (C) 新しい地元の企業を売り込む
   (D) 新しい施設の活動を紹介する

3. 記事によると、提供されないものは何ですか。
   (A) 就学児のための早朝プログラム
   (B) 音楽のレッスン
   (C) コンピュータの基礎技能を教えるプログラム
   (D) ティーンエイジャーのためのクラス

4. [1]、[2]、[3]、[4] のうち、どれに以下のセンテンスは入りますか。
   「テープカットのセレモニーのあと、市長はガイドとともに館内を短い時間見て回る予定である」
   (A) [1]

(B) [2]

(C) [3]

(D) [4]

練習問題

TOEIC 形式の問題に挑戦してみましょう。

Questions 1-3 refer to the following article.

OKLAHOMA CITY (August 5)— The romantic comedy, *Yeah, sure!*, is scheduled to be released on the 11th. —[1]—. Gayla Wood, the main actress, is pleased that her long-term dream is about to be achieved.

Ms. Wood developed her interest in acting when she was in high school. She received detailed instructions from drama teacher Andrew Armstrong. —[2]—. Mr. Armstrong discovered her rare ability for performance and recommended she study acting in college.

However, Ms. Wood changed the direction of her career while in college. "I found myself too shy to be an actress." After serious consideration, she chose to teach middle school. —[3]—. Over time, she gradually overcame her shyness through interaction with an array of people. Gaining confidence, she started performing in public.

Ms. Wood's performance at Innercircle, a theater in Oklahoma City, grabbed the attention of the award-winnning movie director Gareth Burnes, who shot *Yeah, sure!*. —[4]—. Ms. Woods says, "I've never regreted my decision. I believe every single step of mine has been leading to this goal."

1. What is reported about *Yeah, sure!*
   (A) It is a horror movie.
   (B) It was shot in Oklahoma City.
   (C) It was directed by Gareth Burnes.
   (D) It is about life at high school.

2. What did Ms. Wood imply about teaching middle school students?
   (A) She enjoyed teaching drama.
   (B) It helped her appear in a movie.
   (C) She worked with Mr. Armstrong.
   (D) It was more difficult than teaching at high school.

3. In which of the postions marked [1], [2], [3], and [4] does the following sentence best belong?

   "In fact, this choice helped her get closer to her dream."

   (A) [1]
   (B) [2]
   (C) [3]
   (D) [4]

1.

解説 パッセージ中の詳細情報を問う問題。第 4 段落に the award-winnning movie director Gareth Burnes, who shot *Yeah, sure!*. とあるので（C）が正解です。

正解 (C)

2.

解説 パッセージ全体を考えれば、中学生を指導したことが、彼女の shyness の克服につながり、それで映画に出演できたことがわかります。したがって、（B）が正解です。

正解 (B)

3.

解説 挿入するセンテンス中の choice という語がヒントになります。[3] の前に she chose to teach middle school の動詞形である choose があるので、これが正解です。内容的にも後ろの「時間をかけて shyness を克服した」という具体的な内容が続くと「つながり」、「まとまり」が出ます。

正解 (C)

訳 問題 1 〜 3 は次の記事に関するものです。

OKLAHOMA CITY (August 5)——ラブコメ *Yeah, sure!* は 11 日に公開予定である。主演女優の Gayla Wood さんは長い期間抱えてきた夢が実現することに喜んでいる。

Wood さんは高校時代に演技に興味を持った。彼女は演劇の教師 Andrew Armstrong から細かい指導を受けた。Armstrong 氏は彼女のたぐいまれな演技力を見出して、大学で演技の勉強をすることを勧めた。

しかし、Wood さんは大学在学中に自分の進路を大きく変える。「女優になるには木が小さすぎたの」。熟慮の末、彼女は中学校の先生になることを選ぶ。[実は、この選択が夢の実現につながった。] 時間をかけて、彼女はたくさんの人々と交わりながら、少しずつあがり症を克服していった。自信をつけていくと、彼女は人前で演じるようになった。

Innercircle という Oklahoma City の劇での演技が、受賞の経験もある映画監督 Gareth Burnes の目に止まった。そうして彼が *Yeah, sure!* を撮ることになる。Woods さんは語る。「私は自分の決断に後悔したことはないの。すべての私の足跡はゴールに続いていると信じているから」。

1. *Yeah, sure!* について何が述べられていますか。
   (A) ホラー映画である。
   (B) Oklahoma City で撮影された。
   (C) Gareth Burnes に監督された。
   (D) 高校生活についての映画である。

2. 中学生を教えたことについて Wood さんがほのめかしていることは何ですか。
   (A) ドラマを教えることを楽しんだ。
   (B) 映画に出ることに役立った。
   (C) Armstrong さんと仕事をした。
   (D) 高校で教えるより難しかった。

3. [1]、[2]、[3]、[4] のうち、どれに以下のセンテンスは入りますか。

   「実際、この仕事は彼女を自分の夢に近づけるのに役立った」

   (A) [1]
   (B) [2]
   (C) [3]
   (D) [4]

> **WORDS**   develop interest（興味を広げる）　 detailed（形 細かい）
　 overcome（他動 克服する）　 gain confidence（自信がつく）　 in public（公に）
　 grab attention（注意を引く）　 shoot（他動 撮影する）　 regret（他動 後悔する）
　 lead to X（X に通じる）

UNIT 28

> Part 7のルールのまとめ > 266〜267ページを参照

UNIT 29
マルティプルパッセージは 「読むべき文書」を素早く判断

POINT

最後のマルティプルパッセージは手ごわい問題ですが、600点を目指すのなら、いずれかの文書だけで正解できる問題を確実に押さえることが大切です。その際、「どの文書を読むべきか」という判断が攻略のカギになります。

まず、ポイントを確認しながら設問を読み、次に設問の答えを探しながら、英文パッセージを読みましょう。

1. What kind of business is Grover, Inc.?
   (A) A newspaper publishing company
   (B) An automobile manufacturer
   (C) A travel agency
   (D) An consulting firm

ルール 98

全体を読んで大意をつかむ

2. What is the purpose of the e-mail?
   (A) To apply for a job
   (B) To decline a job offer
   (C) To discuss travel details
   (D) To negotiate employment terms

ルール 99

Eメールの「目的」は件名と冒頭文を確認する

3. What qualification does Ms. Pearson most likely lack?
   (A) A postgraduate degree
   (B) Bilingual ability
   (C) Marketing experience
   (D) Experience working with cars

ルール 100

文書参照型→複数文書の関係を押さえる

4. Who most likely is Ms. Ichino?

   (A) Ms. Pearson's manager

   (B) Ms. Pearson's teacher

   (C) Mr. Brindle's client

   (D) Mr. Brindle's assistant

ルール **35**

most likely → 文脈の理
解が問われる

5. What will Ms. Ichino most likely receive from Mr. Pearson?

   (A) A letter of recommendation

   (B) A résumé

   (C) Some examination results

   (D) Some identification

Questions 1-5 refer to the following advertisement, e-mail, and text message.

Grover, Inc., a widely recognized automobile company, is seeking a marketing director. Although its company headquarters is located in Coventry, Britain, the person filling this position will be assigned to work in Bascharage, Luxembourg. Here are the requirements for the position:

- Master's Degree in business, marketing, engineering, or a related field
- Minimum 3 years' experience in the automobile industry
- A strong marketing background
- Fluency in English and German

Interested individuals can apply on the company Web site (http://www.grover- motors.com) or e-mail Mark Brindle, Director of Human Resources at (m_brindle@ grover-motors.com). All applications must be accompanied by a résumé and a letter of recommendation. Prospective applicants will be contacted by e-mail to schedule an interview.

設問 1 のヒント

設問 3 のヒント

UNIT
29

To:	Mark Brindle＜m_brindle@grover-motors.com＞
From:	Agatha Pearson＜apearson@hitmail.co.uk＞
Date:	November 15
Subject:	Application to Marketing Director Position
@	resume.doc

設問 2 のヒント

Dear Mr. Brindle,

I am writing in response to the position announcement

posted in the Euro Times dated November 15. I have a
Master's Degree in engineering and five years working
experience at Mitchell Automobile Corporation as an
engineer. I studied engineering at the University of
Salzburg in Austria and completed an internship at the
German automobile company A&W for one year, which
means I also have a good command of German. Please refer
to the attached résumé for more details regarding my
background.

設問 3 のヒント

I look forward to hearing from you soon.

Yours sincerely,
Agatha Pearson

From: Mark Brindle
Received: November 22, 1:45 P.M.
To: Amy Ichino

Amy, the train was delayed, and I don't think I can
come back before 2:30. When Ms. Pearson comes,
please take her to the conference room near the
information desk. Don't forget to ask her for the
document that I requested her bring to the interview.

設問 4 のヒント

ルール98 全体をざっと読んで大意をつかむ

　マルティプルパッセージでは、文書を全く読まないですぐに設問に行くよりも、ざっと文書を読み流して概要をつかんでから回答する方が効率的です。設問1のような概要を問う問題は、どんな文書かわかっていれば、すぐに最初の求人広告に答えがあると判断できます。最初の行を読むと、Grover, Inc., a widely recognized automobile company, とあるので、正解は（B）です。

ルール99 Eメールの「目的」は、件名と冒頭文を確認する

　設問2はEメールの「目的」を聞いています。Subject（件名）と冒頭文を読めばすぐに正解がわかるので、絶対に押さえておきたい問題です。例題も、Eメールの件名および最初の文から（A）が正解とわかります。

ルール100 文書参照型は複数文書の関係を押さえる

　設問3は、複数の文書を参照して回答する類の問題ですので、複数文書の関係を押さえておくことが大切です。例題は、求人広告と応募のEメールで、複数のパッセージの典型的な組み合わせです。求人広告の募集要件とEメールにある Pearson さんの経歴を突き合わせながら、「Pearson さんに欠けている要件」を探すと、（C）Marketing Experience が正解と判断できます。

ルール35 probably / most likelyのある設問は文脈の理解が問われる

　設問4は基本的には3番目の文書であるテキストメッセージを読めば解ける問題です。差出人と宛名を確認すると、1番目と2番目の文書で登場する Mark Brindle さんが面接のことでメッセージの受け手である Amy Ichino さんに頼みごとをしています。したがって正解は（D）です。

　設問5では、その頼みごとの具体的な内容になります。Brindle さんは Don't forget to ask her for the document that I requested her bring to the interview. と言っているので、まだ提出されていない書類を Ichino さんは受け取るはずです。最初の文書で résumé / a letter of recommendation が必要であると書かれていますが、前者は2番目の文書のメールに言及があるのに対して、a letter of recommendation は言及がされていません。残りの2つの選択肢が文書のどこにも記載がないことを考えると、（A）を選ぶのが正しいとわかります。

UNIT
29

問題 1 〜 5 は次の広告と E メール、テキストメッセージに関するものです。

有名な自動車会社である Grover 社でのマーケティング部長を求人しています。本社はイギリスの Coventry ですが、この職を埋める人の勤務地はルクセンブルクの Bascharage です。これらが必要要件です：
- ビジネス、マーケティング、工学、あるいは関係分野での修士号
- 最低 3 年間の自動車産業での経験
- 豊富なマーケティングの経験
- 英語とドイツ語が堪能なこと

興味を持たれた方は当社ウェブサイト（http://www.grover-motors.com）から応募してください。あるいは Mark Brindle 人事部長（m_brindle@grover-motors.com）まで E メールをお送りください。すべての応募には履歴書および 1 通の推薦状が必要です。候補者には面接日を設定するため E メールでご連絡させていただきます。

宛先：Mark Brindle〈m_brindle@grover-motors.com〉
送信者：Agatha Pearson〈apearson@hitmail.co.uk〉
日付：11 月 15 日
件名：マーケティング部長職への応募
（添付：履歴書 .doc）

Brindle 様
11 月 15 日付の Euro Times 紙に載った求人広告を見て応募させていただきます。私は工学で修士号を持っています。また、エンジニアとして Mitchell Automobile 社で 5 年間の就業経験があります。私はオーストリアの Salzburg 大学で工学を学び、その後ドイツの自動車会社 A&W 社で 1 年間インターンをしました。そのためドイツ語には自信があります。経歴に関する詳細は、添付の履歴書をご参照いただければ幸いです。
近日中にご連絡いただけることを期待しています。
敬具
Agatha Pearson

差出人：Mark Brindle
受信：November 22, 1:45 P.M.
宛先：Amy Ichino
Amy、電車が遅れて、2:30 に戻れそうにないんだ。Peason さんが来たら、受付近くの会議室にお連れしてくれないか。私が彼女に面接に持ってくるように言った書類のことを聞くことを忘れないでくれ。

1. Glover, Inc. はどのような会社ですか。
   - (A) 新聞社
   - (B) 自動車製造業者
   - (C) 旅行代理店
   - (D) コンサルティング会社

2. E メールの目的は何ですか。
   - (A) 職に応募するため
   - (B) 仕事のオファーを断るため
   - (C) 旅行の詳細を話し合うため
   - (D) 雇用条件について交渉するため

3. どの必要用件が Pearson さんに欠けていると思われますか。
   - (A) 大学院の学位
   - (B) 2 か国語を扱う能力
   - (C) マーケティングの経験
   - (D) 自動車関係の実務経験

4. 誰が Ichino さんだと思われますか。
   - (A) Pearson さんの上司
   - (B) Pearson さんの恩師
   - (C) Brindle さんの顧客
   - (D) Brindle さんの助手

5. Ichino さんが Pearson さんから受け取ると思われるものは何ですか。
   - (A) 推薦状
   - (B) 履歴書
   - (C) 試験結果
   - (D) 身分を証明するもの

WORDS

- negotiate (他動 交渉する)　　terms (名 条件)　　qualification (名 必要要件、資格)
- postgraduate (形 大学卒業後の、大学院の)　　widely (副 広く)
- recognized (形 認知されている)　　headquarters (名 本社)　　fill (他動 埋める)
- assign (他動 割りあてる)　　accompany (他動 伴う)　　résumé (名 履歴書)
- letter of recommendation (名 推薦状)　　prospective (形 見込みのある)
- in response to X (X に応えて)　　internship (名 インターン、研修)
- have a good command of X (X の能力がある)　　refer to X (X を調べる)
- attached (形 添付の)　　delay (他動 遅らせる)

TOEIC 形式の問題に挑戦してみましょう。

Questions 1-5 refer to the following survey and e-mail.

Abbergale Hotel Guest Survey

Date of Stay: 4/25 - 4/27

Room Number: 567

Guest's Name: Christi Duke

Reservation Accuracy
Poor / Fair /(Average)/ Good / Excellent

Housekeeping
Poor / Fair / Average /(Good)/ Excellent

Check-in Speed
Poor /(Fair)/ Average / Good / Excellent

Quietness of Room
Poor / Fair /(Average)/ Good / Excellent

Check-out Speed
Poor / Fair /(Average)/ Good / Excellent

Air Conditioning and Ventilation
(Poor)/ Fair / Average / Good / Excellent

Hotel Staff
Poor / Fair /(Average)/ Good / Excellent

Restaurant
Poor /(Fair)/ Average / Good / Excellent

General Comments:

The room on the first day had a strange odor. It seemed to be coming out of the air conditioning duct in the ceiling. I told the staff and they offered me a change of rooms on the 26th and 27th, but the hotel was already fully booked on the 25th, so I could not change rooms on my first night. When I stayed in your hotel last summer, I felt everything was perfect then. However, I am very disappointed to say that the standard of service and overall quality of the hotel have dropped since then.

We really appreciate your time in completing this survey.
Courtney Green, Guest Services Manager

To:	Corie Jones ＜cjones@abbergale-hotel.com＞
From:	Courtney Green ＜amitchell@abc-tech.com＞
Date:	April 28
Subject:	A problem in Room 567

Dear Corie:

I have been going over a guest survey, and it seems that there is something wrong with the air conditioning system in Room 567. A guest who stayed there complained of a strange odor in the room. I would be grateful if you could investigate it immediately and let me know. This needs to be solved right away. Thank you.

Regards, Courtney

1. What problem was discovered?

(A) The room was fairly dirty.

(B) The air conditioner was noisy.

(C) The room had an unusual smell.

(D) Ms. Duke's room was double booked.

2. Who is Ms. Green?

(A) A hotel guest

(B) A hotel clerk

(C) A service manager

(D) A repair technician

3. According to the survey, what was Ms. Duke satisfied with?

(A) How hotel employees treated her

(B) How clean the room was

(C) How prompt the service at the front desk was

(D) How quiet the room was

UNIT

2 9

4. What is suggested about Ms. Duke?

    (A) She stayed in the same room for three nights.

    (B) She thinks the hotel has generally improved.

    (C) She was satisfied with her stay this year.

    (D) She has used the same hotel before.

5. What action will likely be taken regarding the problem?

    (A) Ms. Jones will check the room.

    (B) Ms. Jones will give Ms. Duke a refund.

    (C) Ms. Green will look into the ventilation system.

    (D) Ms. Green will ignore the guest survey.

解答と解説

1.

解説 E メールの件名に A problem とあるので、E メールの本文を読みます。冒頭文に、there is something wrong with the air conditioning system とあり、続く文で A guest who stayed there complained of a strange odor と詳しい説明があります。正解はこれを言い換えた（C）になります。

正解 (C)

2.

解説 Ms. Green という名前を探すと、アンケートの最後に Courtney Green, Guest Services Manager とあるので、（C）が正解とわかります。

正解 (C)

3.

解説 設問文の According to the survey から、アンケートを読みます。（A）は文書中の Hotel Staff、（B）は Housekeeping、（C）は Check-in Speed と Check-out Speed、（D）は Quietness of Room の項目に、それぞれ対応しています。Good になっているのは Housekeeping なので、（B）が正解です。

正解 (B)

4.

解説 Ms. Duke の感想は survey の General Comments の部分で述べられています。26、27 日に部屋を替えてもらったので、（A）は不適切。I stayed in your hotel last summer とあるので、（D）が正解です。（B）、（C）は、最終文の I am very disappointed to say that the standard of service and overall quality of the hotel have dropped since then. と矛盾します。

正解 (D)

5.

解説 「次の行動」を問う設問なので、E メールの最後の方を読むと、I would be grateful if you could investigate it immediately and let me know. と依頼している文があります。E メールのヘッダーから、I は送信者の Green さん、you は宛先の Jones さんであることがわかります。したがって、（A）

が正解。同じ部分から、(C) は不正解とわかります。(B) については言及がありません。また、調査を依頼するEメールを出していることからも、Green さんがアンケートを無視していないことは明らかなので、(D) も不正解。

正解 (A)

訳 問題1〜5は次の次のアンケートとEメールに関するものです。

Abbergale Hotel お客様アンケート
宿泊日：4/25 - 4/27
部屋番号：567
お客様のお名前：Christi Duke

予約の正確さ　　　　　　　　　　　　　　　客室清掃
悪い／最低限以上／普通／よい／すばらしい　悪い／最低限以上／普通／よい／すばらしい

チェックインの速さ　　　　　　　　　　　　部屋の静かさ
悪い／最低限以上／普通／よい／すばらしい　悪い／最低限以上／普通／よい／すばらしい

チェックアウトの速さ　　　　　　　　　　　空調・換気
悪い／最低限以上／普通／よい／すばらしい　悪い／最低限以上／普通／よい／すばらしい

従業員の応対　　　　　　　　　　　　　　　レストラン
悪い／最低限以上／普通／よい／すばらしい　悪い／最低限以上／普通／よい／すばらしい

コメント：
最初の日に異臭に気づきました。空調設備のある天井からにおってくるようでした。スタッフに話したところ、26、27 日については部屋を替えていただけることになりましたが、25 日はすでに満室だったので、最初の夜は部屋を替えることができませんでした。昨年の夏このホテルに泊まったときは、すべてが完ぺきのように感じました。しかし、サービスの基準や全体的なホテルの質が落ちていたのでとても残念です。

アンケートに協力いただきありがとうございます。
Courtney Green　お客様サービス部長

宛先：Corie Jones ＜ cjones@abbergale-hotel.com ＞
送信者：Courtney Green ＜ cgreen@abbergale-hotel.com ＞
日付：4 月 28 日
件名：567 号室の問題

Corie さん
お客様アンケートをチェックしていると、567 号室の空調システムに何か問題があったようです。その部屋にお泊まりのお客様から異臭についての苦情がありました。すぐに調べて、私に報告していただけませんか。これは緊急の用件です。よろしくお願いします。

Courtney

1. どんな問題が見つかったのですか。
   (A) 部屋がかなり汚かった。
   (B) 空調が騒音をたてた。
   (C) 部屋で異臭がした。
   (D) Duke さんの部屋がダブルブッキングされた。

2. Green さんとは誰ですか。
   (A) ホテルの客
   (B) ホテルのフロント係
   (C) サービス部長
   (D) 修理工

3. アンケートによると、Duke さんが満足していたのはどれですか。
   (A) ホテルの従業員の対応
   (B) 部屋の清潔さ
   (C) フロントのサービスの速さ
   (D) 部屋の静かさ

4. Duke さんについてわかることは何ですか。
   (A) 3 日間同じ部屋に泊まっていた。
   (B) ホテルは徐々によくなっていると考えている。
   (C) 今年の宿泊に満足している。
   (D) 以前同じホテルに泊まったことがある。

5. 問題に関してどのような行動がとられると思われますか。
   (A) Jones さんが部屋を点検する。
   (B) Jones さんが Duke さんに払い戻しをする。
   (C) Green さんが空調設備を見る。
   (D) Green さんがそのお客様アンケートを無視する。

WORDS　☐ reservation（名 予約）　☐ accuracy（名 正確さ）　☐ housekeeping（名 客室清掃）
☐ ventilation（名 換気）　☐ immediately（副 すぐに〔≒ right away〕）
☐ odor（名 におい）　☐ overall（形 全体的な）　☐ complain（自動 不平を言う）

UNIT
29

▶ Part 7のルールのまとめ ▶ 266〜267ページを参照

PART 7 ルールリスト

UNIT 25 ～ 29 で学習したルールをもう一度確認しましょう。Part 7
では、最初に文書タイプを確認し、設問に目を通しておくことが大切
です。自信のない項目については、しっかり復習しておきましょう。

UNIT25 記入用紙・請求書は、必要な情報だけを拾う

☐ ルール **85**	請求書は、まず項目をチェックする	CHECK **>** 222ページ
☐ ルール **86**	日付問題は、何の日付かに注意する	CHECK **>** 222ページ
☐ ルール **87**	「詳細情報」は、 選択肢と文書中の情報を突き合わせる	CHECK **>** 222ページ

UNIT26 広告・告知文は目立つ部分に注目

☐ ルール **88**	広告では、 「商品」、「対象」、「連絡先」が問われる	CHECK **>** 230ページ
☐ ルール **89**	「何の広告か」は、 冒頭・目立つ部分がカギ	CHECK **>** 230ページ

UNIT27 手紙・Eメールは「書き手」、「読み手」、「目的」を確認

☐ ルール **90**	最初に文書タイプを確認する	CHECK **>** 238ページ
☐ ルール **91**	「読み手」、「書き手」は、 宛先・送信者名をチェックする	CHECK **>** 238ページ
☐ ルール **92**	「詳細情報」は キーワードを手がかりに探す	CHECK **>** 238ページ
☐ ルール **93**	NOT 問題は各選択肢を突き合わせて 正誤を判断する	CHECK **>** 238ページ

ミニ模試

PART 1

Part 1 では、1枚の写真を描写する4つの英文が読まれます。(A)~(D)のうち、写真の描写として最も適切なものを選びましょう（英文は印刷されていません）。

1.

2.

PART 2

Part 2 では、まず1つの英文が読まれ、次にそれに対する3つの応答が読まれます。(A) ～ (C) のうち、英文に対する応答として最も適切なものを選びましょう（英文・応答は印刷されていません）。

3. Mark your answer on your answer sheet.

4. Mark your answer on your answer sheet.

5. Mark your answer on your answer sheet.

6. Mark your answer on your answer sheet.

7. Mark your answer on your answer sheet.

8. Mark your answer on your answer sheet.

9. Mark your answer on your answer sheet.

UNIT
30

GO ON TO THE NEXT PAGE

PART 3

Part 3 では、2 人あるいはそれ以上の人物による会話が一度だけ読まれます。以下の設問文と選択肢を読み、(A) ～ (D) のうち最も適切なものを選びましょう (会話は印刷されていません)。

10. What department does the woman most likely work in?
- (A) Marketing department
- (B) Human resources department
- (C) Technology department
- (D) Accounting department

11. What does the man imply when he says, "That sounds great"?
- (A) The woman is speaking too loud.
- (B) He has found that he is disqualified.
- (C) He will send his application.
- (D) The woman has given him a good suggestion.

12. What does the woman recommend the man do?
- (A) Send his application electronically
- (B) Contact some people in advance
- (C) Prepare for the interview questions
- (D) Work at another company branch

13. Why is the man calling?
- (A) To ask about a rule
- (B) To change some dates
- (C) To check on a price
- (D) To access some information

14. According to the woman, what does the man need?
- (A) An e-mail address
- (B) A phone number
- (C) An identification number
- (D) Written approval

15. What does the woman suggest that the man do?
- (A) Talk with his supervisor
- (B) Contact her later
- (C) Fill out a form
- (D) Ask a coworker

Speakers	Contents
Jason Pratt	Vice President's greeting
Sarah McDonald	Company history
Patrick Song	Business strategies
Yoshitaka Kato	Regulations & benefits

16. What is scheduled for Thursday?
- (A) A retirement party
- (B) A company picnic
- (C) A monthly meeting
- (D) An employee orientation

17. What is the woman looking for?
- (A) Materials for presentation
- (B) Some customer information
- (C) Logos for an advertisement
- (D) Some sample products

18. Look at the graphic. Who will the woman most likely telephone?
- (A) Jason Pratt
- (B) Sara McDonald
- (C) Patrick Song
- (D) Yoshitaka Kato

19. Where most likely is the conversation taking place?
- (A) At a meeting
- (B) In a waiting room
- (C) In a company cafeteria
- (D) At a hospital

20. What is suggested about Ms. Miller?
- (A) She is good at using software.
- (B) She has received many awards.
- (C) She reports to Ms. Lee.
- (D) She has worked with the man before.

21. What does the man asked Jennifer Lee to do?
- (A) Feel less nervous
- (B) Give him a phone call
- (C) Point out his mistakes
- (D) Wear a name tag

GO ON TO THE NEXT PAGE

UNIT
30

273

PART 4

Part 4 では、1 人の話し手による説明文が一度だけ読まれます。以下の設問文と選択肢を読み、(A) 〜 (D) のうち最も適切なものを選びましょう（説明文は印刷されていません）。

22. What is being announced?
- (A) An Italian restaurant
- (B) A grocery store
- (C) A consulting firm
- (D) A travel agency

23. What items are being featured at discount?
- (A) A round trip
- (B) An online consulting service
- (C) Food products
- (D) Catering services

24. How can listeners get details about the new service?
- (A) By looking through a brochure
- (B) By checking a Web site
- (C) By signing up with an application
- (D) By making a reservation

25. Where most likely is the speaker calling from?
- (A) A dry cleaner's
- (B) A jewelry store
- (C) A police station
- (D) A hotel

26. Why is the speaker calling?
- (A) To order some room service
- (B) To arrange for the return of an item
- (C) To express her gratitude
- (D) To confirm an appointment

27. What is the listener asked to do?
- (A) Return a phone call
- (B) Talk to a housekeeper
- (C) Bring a new table
- (D) Pay a reward

28. What is being announced?

   (A) To change their company policies

   (B) To provide an outline of the day's program

   (C) To schedule the next meeting

   (D) To keep their office building clean

29. Who is Olga Brandenburg?

   (A) A personnel manager

   (B) A vice president

   (C) A new employee

   (D) A technical trainer

30. According to the talk, what will listeners do after 3:00 P.M.?

   (A) Eat lunch

   (B) Learn BMX's history

   (C) Ask Ms. Meyrink questions

   (D) Take a break

This is the end of the Listening test.

Turn to Part 5 in your test book.

UNIT
30

GO ON TO THE NEXT PAGE

PART 5

Part 5 は、空所に適当な語句を入れて、英文を完成させる問題です。(A) ～ (D)
のうち、英文の空所を埋めるのに最も適当なものを選びましょう。

31. The board of directors is
ultimately ------- for the
company's corporate
governance.
(A) responsibility
(B) responsible
(C) respond
(D) response

32. This business workshop is
open ------- anyone who is
interested in marketing.
(A) with
(B) of
(C) to
(D) by

33. Employees should ------- the
human resources department
for further information or with
questions about payroll and
benefits.
(A) get in touch
(B) adhere
(C) report
(D) contact

34. ------- most trust banks have
joined large banking groups,
Kilbinger Trust has remained
independent.
(A) Yet
(B) Even
(C) While
(D) Since

35. Last year, Las Vegas set a new
record for the number of
tourists ------- visited the city.

(A) which

(B) whose

(C) whoever

(D) who

GO ON TO THE NEXT PAGE

PART 6

Questions 36-39 refer to the following e-mail.

To: Alan Francis
From: Interfield Ltd.
Sent: August 20
Subject: Customer Survey

Dear Valued Interfield Customer:

Interfield, Ltd. invites you to participate in a brief survey. ------- -------
                                                                  36.   37.
responses will help ensure that Interfield continues to provide the very
highest standard of educational software in a timely manner.

The survey will take approximately five minutes to -------. Just click
                                                        38.
this link and follow the directions: http://www.interfield.com/survey/
4231986/

To thank you for your timely participation, participants who respond
by August 25 will receive a $20.00 gift certificate for any Interfield
product. -------, every respondent will be entered into a drawing for
              39.
our latest smart phone.

Sincerely,
Interfield Ltd.

36. (A) Note that this will be effective until August 25.

(B) We will inform you of the change in your itinerary.

(C) Interfield, Ltd. has been served in this area for long.

(D) This is to better understand our valued customers.

37. (A) Her

(B) Your

(C) Its

(D) Their

38. (A) construct

(B) conquer

(C) conclude

(D) complete

39. (A) As a result

(B) By the way

(C) In addition

(D) On the other hand

UNIT
30

GO ON TO THE NEXT PAGE

PART 7

Part 7 は、読解問題です。英文を読み、各設問文に対する答えとして最も適当な選択肢を、（A）〜（D）の中から選びましょう。

Questions 40-41 refer to the following text message chain.

Melody Elliot	10:28 A.M.	Hi Peter, could you do me a favor? I was wondering if my blue notebook is on my desk?
Peter Collins	10:33 A.M.	Found it.
Melody Elliot	10:34 A.M.	What a relief! Is it okay to ask another favor?
Peter Collins	10:36 A.M.	How can I say no? What can I do?
Melody Elliot	10:37 A.M.	Could you take a picture of the last page in my notebook, and then send it to me?
Peter Collins	10:38 A.M.	No problem. I'll do it right now.
Melody Elliot	10:39 A.M.	You saved my day. A million thanks.
Peter Collins	10:40 A.M.	You're welcome. Good luck with the meeting with Mr. Kawaguchi.

40. At 10:36 A.M., what does Mr. Collins most likely mean when he writes "How can I say no?"

(A) He does not know the expression.

(B) He is happy to help Ms. Elliot.

(C) He is looking for a better method.

(D) He is a supervisor of Ms. Elliot.

41. What will Ms. Elliot most likely do next?

(A) Meet with a client

(B) Return to her office

(C) Check her schedule

(D) Make a photocopy

UNIT
30

GO ON TO THE NEXT PAGE

WDK Entertainment Co. to be Spun Off from Parent Company

CORK (6 March) —WDK Entertainment Co., based in Cork, Ireland, will be spun off from WDK, Inc. next month. The news was announced yesterday by its president, Jonathan Moore, who added that the company will change its name to Animoviee, Inc. —[1]—.

WDK, Inc., a major electric company in the United States, established WDK Entertainment as a subsidiary fifteen years ago, to focus on the video game industry. However, since their worldwide success with the popular RPG video game *Imaginary Planet*, an increasing number of people have been taking note of the company's remarkable computer graphics skills.

—[2]—. They are now collaborating with others on the production of some movies, which will further expand their sales.

The uniqueness of the company has always been in the diversity of its employees. —[3]—. The main creators of *Imaginary Planet* were Hilde Lang from Germany, Wajid Verma from India, and Tommy Inoue from Japan. After the game's success, more talented young people have been eager to to join the company. According to the spokesperson, Odetto Cartier, they will gain greater freedom and become even more international after breaking away from WDK, Inc. —[4]—.

42. What is the article mainly about?

(A) The introduction of a new video game

(B) A review of the latest movies

(C) An interview with a famous CEO

(D) The impending independence of a subsidiary

43. Who is Hilde Lang?

(A) The company head

(B) The company spokesperson

(C) A game creator

(D) A financial analyst

44. What is suggested about the new company?

(A) It will only work with game companies.

(B) It will attract more skilled people worldwide.

(C) It will be controlled by WDK, Inc.

(D) It will employ only local people.

45. In which of the postions marked [1], [2], [3], and [4] does the following sentence best belong?

"Their business is no longer limited to creating video games."

(A) [1]

(B) [2]

(C) [3]

(D) [4]

Questions 46-50 refer to the following schedule and e-mails.

Dallas Tech Design Seminar Schedule
Wednesday, February 7
Dallas Tower Bldg.

9:30 – 11:30 A.M. Room 27J

Understanding Market Dynamics   Fee: $25.00

<u>Speaker</u>: Edward Artinian, CEO, A&T Designs

1:20 – 2:20 P.M. Room 27K

Effective Graphic Art and Web site Layout   Fee: $15.00

<u>Speaker</u>: Adrean Painter, Managing Director, Nanoffice Software Inc.

1:20 – 2:20 P.M. Room 27J

Clever Marketing Strategies   Fee: $15.00

<u>Speaker</u>: Prof. Clarke Norwood, Ph.D., Economics Dept., Arizona University

2:30 – 3:30 P.M. Room 27J

Desktop Publishing in the Office   Fee: $15.00

<u>Speaker</u>: Darin Pinker, Managing Director, D&T Designs Ltd.

3:00 – 4:30 P.M. Room 27G

Business Trips Today   Fee: $20.00

<u>Speaker</u>: Raymond Kahn, CEO, Book Travels Corporation

*No reservation required.
*We accept all major credit cards.
*Trash must be disposed of in the garbage receptacles provided at the entrance.

To:	Lucas Armstrong <l_armstrong@graphtech.com>
From:	Virginia Madison <vmadison@gillsandlee.com>
Date:	January 31
Subject:	Dallas Seminars

Dear Lucas,

I heard that you are going to be at the Dallas Tech Design Seminar. Which session are you planning to attend? If you have time, I would like to talk with you in Dallas regarding our upcoming project. I would also like you to meet Professor Norwood. He was my academic advisor at Arizona University. He is not a graphic artist, but as a marketing specialist, I believe he would give us good feedback.

I will be attending Professor Norwood's seminar. I can probably introduce him to you after his seminar is finished, and then we can discuss things for a while. Also, since I am going out to dinner with him after the entire event is done, you are welcome to join us. Let me know whether this plan works.

Regards,

Virginia

To:	Virginia Madison <vmadison@gillsandlee.com>
From:	Lucas Armstrong <l_armstrong@graphtech.com>
Date:	February 1
Subject:	Dallas Seminars

Hi Virginia,

I'd be more than happy to meet Professor Norwood and listen to his view about our project. Unfortunately, I cannot make it to his seminar—while he is presenting, I will be attending another one. I could greet him for a while after he is done, but I'd then like to participate in the seminar starting at 2:30. Would it be okay if I joined you for the dinner with him in the evening? I'd prefer to avoid talking business over a meal with a person I met that day, but this seems to be only the choice left.

GO ON TO THE NEXT PAGE

46. Who will most likely deliver a speech about business trips?

(A) Edward Artinian

(B) Adrean Painter

(C) Darin Pinker

(D) Raymond Kahn

47. What is NOT suggested about Clarke Norwood?

(A) He is proficient in marketing strategies.

(B) He has known Ms. Madison for years.

(C) He is acquainted with Mr. Armstrong.

(D) He is currently teaching at a university.

48. Where will Mr. Armstrong most likely be at 3:00 P.M.?

(A) 27G

(B) 27J

(C) 27K

(D) 32A

49. According to the schedule, what is prohibited at the seminar?

(A) Attending without a reservation

(B) Paying by credit card

(C) Leaving the room during a speech

(D) Leaving any trash in the room

50. In the second e-mail, the word "view" in paragraph 1, line 1, is closest in meaning to

(A) scenery

(B) look

(C) situation

(D) opinion

Stop! This is the end of the test. If you finish before time is called, you may go back to Parts 5, 6, and 7 and check your work.

PART 1

1.

解説 人物写真なので、持ち物、服装、動作、状況に注意。2人はゲームをしているので、（B）が正解。（A）table はあるが「片付けて」いないので、不正解です。（C）屋外にいるような様子はないし、コーヒーを飲んでいる動作は確認できません。（D）2人は向かい合って座ってはいません。

正解 (B)

スクリプト 🇺🇸

(A) They are clearing a table.
(B) They are playing a game together.
(C) They are having coffee outside.
(D) They are sitting across from each other.

訳 (A) 彼らはテーブルを片付けている。
(B) 彼らはゲームを一緒にしている。
(C) 彼らはコーヒーを外で飲んでいる。
(D) 彼らは向かい合っている。

WORDS ■ across from X（X と向かい合って）

2.

解説 ベンチに座っている人がたくさんいるので、（B）が正解です。（A）benches は写っていますが、動かしている様子はありません。（C）新聞か雑誌のようなものを読んでいる女性はいますが、本に手を伸ばして取ろうとしている動作は見られません。（D）イギリス英語では bin とゴミ箱のことを呼びます。写真の中に見られますが、これを空にする動作はありません。

正解 (B)

スクリプト 🇦🇺

(A) Women are moving chairs.
(B) People are relaxing on the benches.

UNIT
30

287

(C) One of the women is reaching for a book.

(D) One of the women is emptying a bin.

訳 (A) 女性たちは椅子を動かしている。

    (B) 人々はベンチでくつろいでいる。

    (C) 1人の女性は本に手を伸ばしている。

    (D) 1人の女性はゴミ箱の中身を空にしている。

WORDS ■ reach for X (X に手を伸ばす) ■ empty (他動 空にする)

PART 2

3.

解説 冒頭で人を尋ねる文とわかるので、(C) が正解です。(A) 5Ws + How で始まる疑問文に Yes/No で答えることはできません。(B) は、場所を聞かれたときの答えです。

正解 (C)

スクリプト Q: 🇺🇸 A: 🇨🇦

Who is giving a speech tomorrow?

(A) Yes, I've already given it to her.

(B) At the convention center.

(C) Todd says he will.

訳 誰が明日スピーチをするのですか。

    (A) はい、すでにそれを彼女に渡しました。

    (B) コンベンションセンターで。

    (C) Todd が自分がやると言っています。

WORDS ■ convention center (展示会場、コンベンションセンター)

    ■ give a speech (スピーチをする)

4.

解説 冒頭で時間を尋ねている事がわかるので、(A) が正解です。(B) は、meeting を使った音のひっかけです。(C) は Why に対する応答です。

正解 (A)

スクリプト Q: 🇦🇺 A: 🇺🇸

When will the meeting be held?

(A) Just after lunch.

(B) Rachel is meeting a client.

(C) To discuss new marketing strategies.

訳　いつ会議は開かれるのですか。

　　(A) 昼食の後、すぐです。

　　(B) Rachel は顧客に会っています。

　　(C) 新しいマーケティング戦略について話し合うためです。

WORDS　strategy（名 戦略）

5.

解説　間接疑問文で実際には Megumi の居場所を訪ねているので、(C) が正解。(A) Yes と答えるのは OK ですが、それに続く内容が不適切です。(B) は、質問に答えず、エレベーターに乗るように命令するのはおかしいです。

正解　(C)

スクリプト　Q: 🇦🇺　A: 🇨🇦

Do you know where Megumi is?

(A) Yes, I know her very well.

(B) Take the elevator over there.

(C) She's out to lunch.

訳　Megumi がどこか知っていますか。

　　(A) はい、彼女のことはよく知っていますよ。

　　(B) そこのエレベーターに乗ってください。

　　(C) 昼食に出ています。

WORDS　out to lunch（ランチに出ている）

6.

解説　May I ～ ? で許可を求めています。〈Sorry ＋断る理由〉になっている (A) が正解です。(B) は何かをしてくれた人に対するお礼。(C) はその場を離れるときに使うので不正解です。

正解　(A)

スクリプト　Q: 🇨🇦　A: 🇬🇧

May I use your computer for ten to fifteen minutes?

UNIT
30

289

(A) Sorry, I'm using it now actually.

(B) Thanks for your help.

(C) I'll be back in ten to fifteen minutes.

訳 あなたのコンピューターを 10 分から 15 分ぐらい使っていいですか。
　(A) すみません、実は今使っているんです。
　(B) お力添え感謝します。
　(C) 10 分から 15 分後に戻ってきます。

WORDS ■ stop（名 停車駅）　■ upstairs（副 上階で）　■ in（前 X〔時間〕後に）

7.

解説 プリンターが動かなくなったという問題に対して、解決策を示している（B）が正解。（A）は stop、（C）は working、again と設問中の語を使った音のひっかけです。

正解 (B)

スクリプト Q: A:

Oh, the printer has stopped working again.

(A) Just a few stops from Union Station.

(B) Why don't you use the one upstairs?

(C) I'll be working with Karen again.

訳 ああ、プリンターがまた止まってしまった。
　(A) ユニオン駅からたったの数駅です。
　(B) 上にあるのを使ったらどうですか。
　(C) もう一度 Karen と仕事をすることになるんです。

WORDS ■ upstairs（名 上階）

8.

解説 映画は退屈じゃなかったか、という同意を求めるのに対して、Actually, で始めて自分は気に入ったと反論を述べている（B）が正解。（A）は move / movie、（C）は boring / boarding と音のひっかけが使われていますが、内容的につながらないので不正解です。

正解 (B)

スクリプト Q: A:

Didn't you find the movie a bit boring?

(A) I've found a place to move.

(B) Actually, I like it.

(C) Your flight is now boarding.

訳 あの映画は少し退屈ではありませんでしたか。
　(A) 引っ越し先が見つかりました。
　(B) 実は、気に入りました。
　(C) お客様の便はただいま搭乗中です。

WORDS ☐ boring（形 つまらない、退屈な）　☐ board（他動 搭乗する）

9.

解説 選択疑問文です。or を聞いた時点で、「どちらかを選ぶ」、「どちらでもいい」、「どちらも選ばない」の3パターンの答え方があることを確認します。「待つ」という選択で応じている（A）が正解。（B）は、選択疑問文に Yes で答えているので不正解。（C）は、過去形 didn't を使っている上、内容もかみ合わないので不正解。消去法でも解ける問題です。

正解 (A)

🔊 スクリプト Q: 🇬🇧 A: 🇦🇺

Do you want to wait or should I tell her you're here?

(A) I can wait here, thank you.

(B) Yes, you should go there.

(C) She didn't tell me about it.

訳 お待ちになりますか、それともあなたがここにいると彼女に伝えましょうか。
　(A) ここで待てます、ありがとう。
　(B) はい、あなたはそこへ行った方がいいです。
　(C) 彼女はそのことについて私に話しませんでした。

PART 3

10.

解説 冒頭で男性が I'm interested in the sales engineer position と言っているのに対して、we're still looking for candidates. と答えているので、求人を扱う部署であることがわかります。正解は（B）Human resources department（人事部）です。

正解 (B)

UNIT
30

11.

解説 That sounds great は相手の発言に対して好意的な反応を示すときの決まり文句ですが、ここでは、「金曜日まで求人の応募を受け付けている」という情報に対して反応しているので、男性がその求人に応募することが推測されます。

正解 (C)

12.

解説 最後に女性が you might want to let them know beforehand と、推薦人に挙げた人たちに連絡をすることを進めているので（B）が正解です。

正解 (B)

🔒 スクリプト M: 🇺🇸 W: 🇦🇺

Questions 10 through 12 refer to the following conversation.

M: Excuse me. I'm calling because I'm interested in the sales engineer position in yesterday's paper. Has the position already been filled?

W: No, we're still looking for candidates. The application period is open until Friday.

M: That sounds great. Um ... I have a question—do I have to provide references?

W: Yes, you need to list three people as references. We'll probably contact them, so you might want to let them know beforehand.

訳 問題 10 ～ 12 は次の会話に関するものです。

M：もしもし。昨日の新聞のセールスエンジニアの職の件でお電話しています。あの職はすでに埋まってしまったのでしょうか。

W：いいえ、まだ候補者を探しています。応募は金曜日まで受け付けています。

M：よかった。あの、1 つ質問があるのですが、推薦人の名前を挙げなければいけないのでしょうか。

W：はい、3 人推薦人として名前を挙げる必要があります。おそらく、弊社はその人たちに連絡するので、前もって知らせておくことをお勧めします。

10. どの部署で女性は働いていると思われますか。
   (A) マーケティング部
   (B) 人事部
   (C) 技術部
   (D) 会計部

11. 男性が "That sounds great" と言ったのはどういう意味ですか。
   (A) 女性が大きな声で話しすぎている。
   (B) 彼は自分に資格がないと気づいた。
   (C) 彼は応募書類を送る。
   (D) 女性が彼に良い提案をした。

12. 女性は男性に何を勧めていますか。
   （A）応募書類をオンラインで送る
   （B）何人かに前もって連絡する
   （C）面接での質問の準備をしておく
   （D）別の部署で働く

WORDS ☐ fill（他動 埋める、満たす） ☐ candidate（名 候補者、志願者）
☐ reference（名 推薦人） ☐ beforehand（副 前もって）
☐ might want to *do*（…するほうがよい）

13.

解説 冒頭で男性が I don't know how to access the company's customer database. と言っています。（D）が正解です。

 （D）

14.

解説 女性の最初の発言、To enter the database, you need your employee identification number and password. から、（C）が正解であることがわかります。

 （C）

15.

解説 女性は2番目の発言で、Could you call this number again after you get them? と言っているので（B）が正解です。

正解 （B）

🔊 **スクリプト** *M:* 🇺🇸 *W:* 🇨🇦

Questions 13 through 15 refer to the following conversation.

M: Hello, my name is James Dunn. I'm a new employee, and I don't know how to access the company's customer database. Am I calling the right place?

W: Yes, you can contact us whenever you need technology support. To enter the database, you need your employee identification number and password. Do you have them now?

M: Oh, I've heard that I'm going to receive them this afternoon. What am I supposed to do?

W: Well, without your number and password, I can't do much for you. Could you call this number again after you get them? Then, we can probably help you out.

訳 問題13〜15は次の会話に関するものです。

M：はい、James Dunn と申します。新入社員なのですが、どうやって会社の顧客データベースにアクセスするのかわかりません。ここに電話してよろしかったでしょうか。

W：はい、技術関係のサポートが必要なときは、いつでもここにお電話ください。データベースにアクセスには、ID 番号とパスワードが必要です。お持ちですか。

M：えっ、今日の午後，受け取ると聞いています。どうすればいいのでしょうか。

W：番号とパスワードがなければ、私たちができることはあまりないのですが。それらが手に入った時点でもう一度お電話いただけますか。そのときは、お手伝いできると思います。

13. 男性はなぜ電話していますか。
    (A) 規則について尋ねるため
    (B) 日付の変更を行うため
    (C) 値段を確認するため
    (D) 情報にアクセスするため

14. 女性によると、男性は何が必要なのですか。
    (A) メールアドレス
    (B) 電話番号
    (C) ID 番号
    (D) 書面による承認

15. 女性は男性にどうするように勧めていますか。
    (A) 上司と話をする
    (B) 後ほど彼女に連絡する
    (C) フォームを記入する
    (D) 同僚に尋ねる

WORDS ■ identification (名 身分証明書、ID) ■ help X out（X を助ける）

16.

解説 男性が最初の発言で、Can we talk a bit about the new employee orientation this Thursday afternoon? と言っているので、(D) が正解です。

正解 (D)

17.

解説 女性は最初に、I am looking for the presentation materials for the orientation と言っています。したがって、(A) が正解。

正解 (A)

18.

解説 男性の 2 番目の発言で the slides of the company's history がないという言及があり、次の女性の発言で call that person to ask for those slides とあります。chart で会社の歴史について述べている人を探すと、Sarah McDonald とわかります。

正解 (B)

🔊 スクリプト *M:* 🇬🇧 *W:* 🇦🇺

Questions 16 through 18 refer to the following conversation and chart.

M: Excuse me, Amanda? Can we talk a bit about the new employee orientation this Thursday afternoon?

W: Sure. Actually, I am looking for the presentation materials for the orientation.

M: Well, I have most of them, everything except for the slides ... you know, the slides of the company's history.

W: Oh, right. I barely remember that part. Okay, I'll check and see who did it last year, and then call that person to ask for those slides.

訳 問題 16 ～ 18 は次の会話と表に関するものです。

M：ちょっといいかな、Amanda ？ 木曜日の午後の新入社員オリエンテーションについて少し話していいかな。

W：もちろん。実はオリエンテーションのプレゼンテーションの資料を探していたの。

M：ああ、それならほとんどのものは持っているよ、あのスライド以外は。あの、会社の歴史のスライドだけはないけどね。

W：ああ、あれね。あの部分はほとんど覚えていないの。とにかく、誰がそれをしていたのかチェックして、スライドの事を頼むよう電話してみる。

スピーカー	内容
Jason Pratt	副社長の挨拶
Sarah McDonald	会社の沿革
Patrick Song	ビジネス戦略
Yoshitaka Kato	規則および福利厚生

16. 木曜日には何が予定されていますか。
   (A) 退職祝いのパーティー
   (B) 会社主催のピクニック
   (C) 月例会議
   (D) 従業員のオリエンテーション

17. 女性は何を探していますか。
   (A) プレゼンの資料
   (B) 顧客情報
   (C) 広告用のロゴ
   (D) サンプル商品

18. 図表を見てください。女性が電話をすると思われるのは誰ですか。
   (A) Jason Pratt
   (B) Sara McDonald

UNIT
30

(C) Patrick Song
(D) Yoshitaka Kato

WORDS □ barely（副 ほとんど～ない） □ check and see（確認する）

19.

解説 場所を問う質問ですが、全体的な話の内容から判断します。仕事の話をしているので会議・打ち合わせ中と考えるのが適切です。

正解 (A)

20.

解説 女性は2人いて、片方のJenniferさんが紹介された人で，Millerさんはもう1人の女性です。この女性は冒頭でIt's nice to be able to work with you again. と男性が入ったことに同意しています。またJenniferさんがI've heard a lot of good things about you from Ms. Miller. と言っていることからも2人が顔なじみであることがわかります。

正解 (D)

21.

解説 最後に男性はBy the way, don't get stressed out. We're a team. Let's become frank with each other. と言っているので、don't get stressed out. を言い換えた（A）が正解です。

正解 (A)

スクリプト *M:* 🇺🇸 *W1:* 🇦🇺 *W2:* 🇨🇦

Questions 19 through 21 refer to the following conversation with three speakers.

M: Hello, Marissa. Thanks for coming over.

W1: You're welcome, Rich.

M: It's nice to be able to work with you again.

W1: I think so as well. Well, the new project requires knowledge about special software. That's why I brought Jennifer Lee here today. She's an IT designer at our company. Would it be okay if we add her to our team?

M: Absolutely.

W2: Hello, Mr. Cooper. Let me introduce myself. I'm Jennifer Lee. I've heard a lot of good things about you from Ms. Miller.

M: I hope she told you only good things. By the way, don't get stressed out. We're a team. Let's be frank with each other. You can call me Rich. Can I call you Jennifer?

W2: Oh, do I look that tense? Sure, Rich. I'm so happy to work with you.

訳 問題 19 ～ 21 は次の3人の会話に関するものです。

M： こんにちは、Marissa。来てくれてありがとう。

W1：どういたしまして、Rich。

M： また君と一緒に働くことができて嬉しいよ。

W1：私もとても嬉しい。ところで、新規のプロジェクトは特別なソフトの知識を必要とするの。そこで Jennifer Lee をここに今日は呼んだの。彼女は弊社の IT デザイン担当なの。私たちのチームに彼女を加えて構わないかしら。

M： もちろんだよ。

W2：初めまして、Cooper さん。自己紹介させてください。Jennifer Lee です。Miller からはたくさんあなたの良いことを伺っております。

M： いいことだけ話してくれているといいんだけど。ところで、緊張しなくていいよ。僕らはチームなんだから。もっと互いに気楽で行こうよ。僕のことを Rich と呼んでも構わないから。君のことを Jennifer と読んでいいかな。

W2：え、そんなに私かたかったですか。もちろん、Rich。一緒に仕事ができて光栄です。

19. この会話はどこで行われていると思われますか。
　　(A) 会議中に
　　(B) 待合室で
　　(C) 会社のカフェテリアで
　　(D) 病院で

20. Miller さんについてわかることは何ですか。
　　(A) ソフトフェアを使いこなせる。
　　(B) たくさんの賞を受賞した。
　　(C) Lee さんを上司に持つ。
　　(D) 男性と以前一緒に働いたことがある。

21. 男性が Jennifer Lee に頼んでいることは何ですか。
　　(A) 緊張しすぎない
　　(B) 彼に電話をする
　　(C) 彼の誤りを指摘する
　　(D) 名札を身につける

WORDS　■ come over（訪問する）　■ as well（もまた〔= too〕）
　　　　　■ require（他動 要求する）　■ add X to Y（X を Y に加える）
　　　　　■ stress X out（ストレスを与える）　■ be / become frank with X（X と打ち解ける）

PART 4

22.

解説 「何のサービスか」を問う設問。アナウンスでは、企業名は冒頭で述べられます。業種は企業名から推測できることが多いのですが、Wiggly

UNIT 30

297

Piggly Mart だけでは特定するのは難しいです。その後、a small grocery store in Missouri と述べているので、(B) A grocery store が正解だとわかります。

正解 (B)

23.

解説 「詳細情報」を問う設問なので、設問文のキーワード discount を探しながら音声を聞きます。we are offering discounts on all food items. とあるので、(C) Food products が正解だとわかります。

正解 (C)

24.

解説 「方法」を問う設問。トークの最後で宅配サービスに関して Details are found in a brochure. と言っているので、(A) By looking through a brochure が正解です。

正解 (A)

🔊 スクリプト 🇬🇧

Questions 22 through 24 refer to the following announcement.

Good afternoon, customers. Thanks for shopping at Wiggly Piggly Mart. We are celebrating our 100th anniversary this week. Without your support, a small grocery store in Missouri wouldn't have expanded to the point to where there are now 200 stores in North America. As a token to express our gratitude, we are offering discounts on all food items. They are now 20 percent off their regular price. This sale will be offered until Friday. As another way to return the favor of your patronage, we have started a delivery service for those who cannot come to the store very often. Details are found in a brochure, which is available at the entrance. Again, we appreciate your long-term support, and enjoy your shopping today.

訳 問題 22 〜 24 は次のアナウンスに関するものです。
お客様、いらっしゃいませ。Wiggly Piggly Mart でお買い物いただきありがとうございます。私たちは今週 100 周年のお祝いをします。お客様のご愛顧なくては、ミズーリの小さな食料品店が北米 200 店舗まで拡大することはなかったでしょう。皆様のご愛顧の感謝のしるしとして、すべての食料品を値下げします．これら食料品は通常価格の 2 割引になります。この割引は金曜までいたします。もう 1 つの皆さんのご愛顧のお礼として、頻繁にお店にご来店頂けないお客様のために宅配サービスを始めました。詳細はパンフレットにございます。パンフレットは入り口のところでお手にとっていただけます。繰り返しになりますが、皆さんの長年のご協力に感謝します。本日のお買い物をお楽しみください。

22. 何が伝えられていますか。
 (A) イタリア料理店

(B) 食料品店
(C) コンサルティング会社
(D) 旅行代理店

23. 何の商品が割引を受けられるのですか。
(A) 往復切符
(B) オンライン相談
(C) 食料品
(D) ケータリングサービス

24. どのようにして聴き手は新しいサービスに関しての詳細を手に入れることができますか。
(A) 小冊子を見る
(B) ウェブをチェックする
(C) 申し込みをする
(D) 予約する

WORDS　　□ celebrate（**他動** 祝う）　□ anniversary（**名** 記念日）　□ expand（**自動** 広がる）
□ to the point ~（~まで）　□ token（**名** 印）　□ express（**他動** 表現する）
□ gratitude（**名** 感謝）　□ patronage（**名** 愛顧）　□ long-term（**形** 長期にわたる）

25.

解説　「場所」の問題なので冒頭をしっかり聞きます。Phoenix Inn はホテルの名前のようですが、固有名詞だけでは確実とは言えないので、「場所」に関連する語句を拾っていくと、checked out、housekeeping とホテル特有の語彙が聞こえてくるので、正解は（D）とわかります。

正解 (D)

26.

解説　電話の「理由」、「目的」も冒頭で語られることが多いです。I'm calling to ... の後に注意します。「忘れ物を見つけたことを知らせる」とあるので、(B) が正解とわかりますが、後ろの方にも We'd like to make arrangements to return this item とはっきり述べている部分があります。

正解 (B)

27.

解説　「聞き手が頼まれていること」＝「話し手が頼んでいること」と考えます。何かを頼んでいる部分に注意します。すると後半部分で please という語が聞こえてくるので、その後に注意します。give me a call と言っているので、(A) が正解とわかります。(B) housekeeper、(C) table につ

いては電話メッセージの中に登場しますが、依頼内容とは関係ないので、不正解です。（D）報酬についてはまったく触れられていません。

正解 (A)

スクリプト

Questions 25 through 27 refer to the following telephone message.

Hello. This is a message for Mindy Lowe. This is Sheri Hettinger from Phoenix Inn. I'm calling to notify you that we've just found an item that might belong to you. After you checked out at 11:00 this morning, our housekeeping staff found a ring on the table next to the bed. Your name is inscribed on it, so we believe it is yours. We'd like to make arrangements to return this item to you as soon as possible. Until then, it will be kept in our Lost and Found. So, please give me a call at 417-555-9476. Thank you for using Phoenix Inn, and have a good day.

訳 問題 25 〜 27 は次の電話メッセージに関するものです。

もしもし、Mindy Lowe 様への伝言です。Phoenix Inn の Sheri Hettinger と申します。お客様のものと思われるお忘れ物の件でお電話させていただいています。今朝 11 時にお客様がチェックアウトされた後、私どもの客室係がベッド脇のテーブルで指輪を見つけました。お客様のお名前が刻んでありましたので、お客様の物だと思われます。できるだけ早くお客様にお返しするように手配したいと考えています。それまでは、遺失物係でお預かりいたします。つきましては、417-555-9476 までお電話ください。Phoenix Inn をご利用いただきありがとうございます。それでは失礼いたします。

25. 話し手はどこから電話していると考えられますか。
    - （A）ドライクリーニング店
    - （B）宝石店
    - （C）警察署
    - （D）ホテル

26. 話し手はなぜ電話をしているのですか。
    - （A）ルームサービスを頼む
    - （B）物を返却する手配をする
    - （C）感謝の意を表明する
    - （D）予約を確認する

27. 聞き手が頼まれていることは何ですか。
    - （A）電話をかけ直す
    - （B）客室係と話す
    - （C）新しいテーブルを持ってくる
    - （D）報酬を支払う

WORDS □ notify（他動 知らせる） □ inscribe（他動 刻む）
□ make arrangements（手配する〔= arrange〕） □ gratitude（名 感謝〔の気持ち〕）
□ confirm（他動 確認する） □ housekeeper（名〔ホテルの〕客室係）

28.

解説 「目的」を問う問題。冒頭で話し手が名前を名乗った後で、I will take about 10 minutes to introduce you to today's schedule と言っているので、「その日の研修の概略を知らせる」という（B）が正解です。（A）会社の方針についての説明があるとは言っていますが、変更については触れられていません。

正解 (B)

29.

解説 「Olga Brandenburg さんが誰なのか」が問われています。名前と同時に役職名が述べられないか注意して聞く必要があります。Olga Brandenburg, the human resources manager と、名前のすぐ後に役職名が述べられていますので、ここで（A）を選べます。（B）Vice President of Operations に当たるのは Emily Meyrink さんです。(C)は、この話の聞き手です。（D）に関する言及はありません。

正解 (A)

30.

解説 「未来の行動」を問う問題なので、スピーチの最後に注意して聞きます。また、設問の after 3:00 P.M. から、「3時」という時間が出てくると推測し、その語の直後を狙います。すると、at 3:00 の後に After that, we'll take a short break. と、答えのヒントが来ます。（A）、（B）、（C）は、どれも聞き手がすることですが、3時以前のことなので不正解です。

正解 (D)

🔈 スクリプト 🇦🇺

Questions 28 through 30 refer to the following excerpt from a talk.
Welcome to BMX's new employee orientation. I'm Katja Vonk, and I will take about 10 minutes to introduce you to today's schedule. After I finish, Olga Brandenburg, the human resources manager, will help you get acquainted with our company policies. Lunch time will be from noon to one o'clock. After lunch, Emily Meyrink, Vice President of Operations, will tell you about BMX's history, mission, goals, and other information. Ms. Meyrink is one of the original staff members of BMX, so she knows almost all there is to know about our company. Since Ms. Meyrink is going to be talking to you directly, this will be a good chance to ask her some questions. The orientation is scheduled to finish at 3:00. After that, we'll take a short break.

UNIT
30

問題 28 ～ 30 は次の話の抜粋に関するものです。

ようこそ BMX 社の新入社員研修へ。私は Katja Vonk です。これから本日のスケジュールをご紹介するため 10 分ほどお時間をいただきます。その後で、Olga Brandenburg 人事部長が当社の方針についての説明をします。昼食時間は 12 時から 1 時になります。昼食後、Emily Meyrink 管理担当副社長が、BMX 社の歴史、任務、目標、その他の詳細について話します。Meyrink 副社長は BMX 社の創設メンバーの 1 人であり、当社について知っておくべきほとんどすべてのことを知っています。Meyrink 副社長はあなたがたに直接話をすることになっているので、彼女に質問をするよい機会となるでしょう。この研修は 3 時に終わる予定です。その後、短い休憩になります。

28. この話の主な目的は何ですか。
    (A) 会社の方針を変更する
    (B) その日の研修の概略を知らせる
    (C) 次の会議を設定する
    (D) 会社のビルをきれいに保つ

29. Olga Brandenburg さんとは誰ですか。
    (A) 人事部長
    (B) 副社長
    (C) 新入社員
    (D) 技術指導員

30. 話によると、午後 3 時以降に聞き手は何をしますか。
    (A) 昼食を食べる
    (B) BMX 社の歴史を学ぶ
    (C) Meyrink さんに質問する
    (D) 休憩をとる

WORDS
- employee（名 従業員）　□ orientation（名〔新入生・新入社員のための〕説明会）
- get acquainted with X（X を知る）　□ company policy（会社の方針）
- vice president（副社長）　□ mission（名 任務）　□ original（形 最初の、初期の）
- be scheduled to *do*（…する予定である）

PART 5

31.

解説 品詞の問題。空所の前に、主語になる名詞と be 動詞があり、空所の後ろに前置詞 for があるので、形容詞が入って be responsible for の形になることがわかります。

正解 (B)

訳 取締役会は、会社の企業統治に最終的な責任があります。
- (A) 名「責任」
- (B) 形「責任がある」
- (C) 自動「応じる」
- (D) 名「反応、応答」

32.

解説 前置詞の問題。be open to X が「X に対して開かれている」の意味のイディオムと知っていれば正解できます。

正解 (C)

訳 このビジネス研修は、マーケティングに興味がある人なら誰でも参加できます。
- (A) 前「X と一緒に」
- (B) 前「X の」
- (C) 前「X へ」
- (D) 前「X で」

33.

解説 語彙の問題ですが、語法・イディオムの知識で解けます。空所のすぐ後ろに名詞があるので、他動詞の (D) が正解。(A) は「X と連絡を取る」であれば get in touch with X、(C) は「X に報告する」の意味であれば report to X と、前置詞が必要です。(B) adhere（くっつく）も、後ろに前置詞 to が必要な上、意味的にも不適切。

正解 (D)

訳 給与と給付金にかかわる詳細情報や質問については、従業員は人事部に連絡するべきです。
- (A)（get in touch with X で）「X と連絡を取る」
- (B) 自動「くっつく」
- (C) 自動「報告する」
- (D) 他動「X と連絡を取る」

34.

解説 接続詞の問題。(A)FANBOYS 接続詞は文頭に置くことができません。(B) は接続詞でないので不可。Even though であれば可能です。(D) はかかってつなぐ接続詞ですが、順接を表すので不適当。正解は逆接を表す(C)です。

正解 (C)

訳 多くの信託銀行が大銀行グループに加わりましたが、Kilbinger 信託は独立したままです。
- (A) 接「それにもかかわらず」
- (B) 副「〜さえ」
- (C) 接「〜であるのに対し」
- (D) 接「〜して以来、〜だから」

35.

解説 関係代名詞の問題。空所の前に名詞の tourists、後ろに動詞の visited が続くことから、「人」を指す主格の who が正解とわかります。

正解 (D)

訳 ラスベガスは、昨年同市を訪れた観光客数で記録を更新しました。
- (A) 関係代名詞 which
- (B) 関係代名詞 whose
- (C) 複合関係代名詞 whoever
- (D) 関係代名詞 who

PART 6

36.

解説 冒頭のセンテンスでアンケートへの呼びかけを行っているので This is to better understand our valued customers. だと代名詞の this が直前の a brief surve を受けることになります。「つながり」が生まれるので、これが正解です。

正解 (D)

37.

解説 代名詞の問題です。選択肢を見ると、代名詞の所有格が並んでいます。文脈をよく押さえて、空所に入るべき代名詞がどの名詞を指すかを見抜かなければいけません。空所の前後を読むと ------- responses will help ensure that Interfield continues to provide と、responses が Interfield 社を助けると書いていますが、文脈的に responses はアンケートに答えることを示しているので、適切な代名詞は (B) your です。

正解 (B)

38.

解説 語彙問題です。選択肢には動詞が並んでいます。(A) construcy（建設

する）、(B) conquer（征服する）、(C) conclude（結論づける）、(D) complete（完成する）のうち、1、2 語しか知らないと正答するのは難しいかもしれません。特に、(A)、(C)、(D) は TOEIC 頻出単語なのでおぼえておきましょう。空所を含む文の意味は「このアンケートを～するのに 5 分ほどかかる」なので、「アンケートを仕上げる」という内容になる (D) が最も適切です。

正解 (D)

39.

解説 選択肢から接続副詞の問題だとわかります。空所の前と後ろの文を読んで、どのようにつながるかを判断する必要があります。空所の前は、「8 月 25 日までに回答すれば商品券がもらえる」という内容です。後ろを見ると、「すべての回答者が抽選の対象になる」という内容なので、「追加」を表す (C) In addition（加えて）が正解です。

正解 (C)

訳 問題 37 ～ 39 は次の E メールに関するものです。

宛先：Alan Francis
送信者：Interfield Ltd.
日付：8 月 20 日
件名：お客様アンケート

Interfield 社の大切なお客様へ

Interfield 社はお客様に短いアンケートをお願いしております。これは大事なお客様をよりよく理解するためのものです。お客様のご意見は、Interfield 社が最高水準の教育ソフトをタイムリーに提供し続けるのに役立ちます。アンケートは 5 分ほどで終わります。このリンクにアクセスして説明に従ってください。
http://www.interfield.com/survey/4231986/
直ちにご回答いただいたお客様への感謝の印として、8 月 25 日までにご回答いただいた方に、Interfield 社の製品 20 ドル分の商品券を差し上げます。加えて、ご回答いただいた方全員が、最新のスマートフォンの抽選の対象となります。
敬具
Interfield 社

36.（A）有効期間が 8 月 25 日までということにご注意ください。
　　（B）お客様に旅行行程の変更をお知らせします。
　　（C）Interfield 社はこの地域で営業を長いことしています。
　　（D）これは大事なお客様をより理解するためのものです。

37. (A) 限定 「彼女の」
    (B) 限定 「あなたの」
    (C) 限定 「そ（れ）の」
    (D) 限定 「彼ら、それらの」

38. (A) 他動 「建設する」
    (B) 他動 「征服する」
    (C) 他動 「結論づける」
    (D) 他動 「完成する」

39. (A) 副 「結果として」
    (B) 副 「ところで」
    (C) 副 「加えて」
    (D) 副 「他方では、それに反して」

WORDS ■ survey（名 調査）　■ participate in X（X に参加する）　■ response（名 応答、反応）　■ ensure（他動 確実にする）　■ provide（他動 提供する）　■ timely（形 時を得た〔-ly で終わる形容詞〕）　■ drawing（名 抽選）

PART 7

40.

解説 How can I say no? のすぐ後に、What can I do? と何ができるのか尋ねているので、Collins さんは喜んで手を貸すと考えるのが適切です。

正解 (B)

41.

解説 一番最後の Collins さんからのメッセージに、Good luck with the meeting with Mr. Kawaguchi. とあるので、Elliot さんはこれから人と会うことがわかります。

正解 (A)

訳 問題 40 〜 41 は次のテキストメッセージのやりとりに関するものです。

| Melody Elliot | 10:28 | ねえ Peter、頼みごとをしていい？ 私の青のノートが机の上にあるかしら。 |
| Peter Collins | 10:33 | あったよ。 |

Melody Elliot	10:34	よかった。もう１つ頼んでいい？
Peter Colling	10:36	君の頼みなら断れないな。何をすればいい？
Melody Elliot	10:37	ノートの最後のページを写真に撮って送ってくれない？
Peter Collins	10:38	もちろん。今するよ。
Melody Elliot	10:39	助かった。感謝してる。
Peter Collins	10:40	どういたしまして。Kawaguchi さんとのミーティングうまくいくといいね。

40. 10 時 36 分に、Collins さんはどういう意味で "How can I say no?" と書きましたか。
   (A) 彼はその表現を知らない。
   (B) 喜んで Elliot さんに手を貸す。
   (C) 他に良い方法がないか探している。
   (D) 彼は Elliot さんの上司である。

41. 次に Elliot さんがすると思われていることは何ですか.
   (A) クライアントに会う
   (B) オフィスに戻る
   (C) 予定を確認する
   (D) コピーをする

WORDS
- do X a favor（X に頼みごとをする）
- You saved my day.（あなたのおかげで助かった）
- A million thanks.（本当にありがとう）
- good luck with X（X がうまくいくように祈る）

42.

解説 新聞・雑誌などの記事では、「何についての記事か」は、タイトルおよび冒頭で明確に書かれます。この記事では、タイトルと冒頭で spun off from X（X から独立する）という表現を使って、「親会社からの独立」について述べているので、(D) が正解です。(A) の新しいテレビゲーム、(B) の映画の批評についての言及はありません。また、第 1 段落に WDK Entertainment 社の社長が独立の発表をしたことが書かれていますが、(C) 有名な CEO のインタビューについての言及はありません。

正解 (D)

43.

解説 Hilde Lang さんをキーワードに、本文中から言及箇所を探します。第 4 段落に The main creators of "Imaginary Planet" were Hilde Lang ... とあり、"Imaginary Planet" については、第 2 段落で popular RPG

UNIT
30

307

video game と説明されているので、(C) ゲームの制作者だとわかります。(A) は Jonathan Moore さん、(B) は Odetto Cartier さんの説明になっています。(D) に関する記述はありません。

(C)

44.

解説 第4段落の最後の文 they will gain greater freedom and become even more international after breaking away from WDK, Inc. から、(B) が正解だと判断できます。(A) は They are now collaborating with others on the production of some movies の部分に矛盾します。記事では、WDK 社から独立して Animoviee 社となると報じられているので、(C) も不正解。(D) は第4段落の内容と矛盾。国際色豊かな社風と述べているので、「地元住民しか雇用しない」というのは誤りです。

正解 (B)

45.

解説 Part 7 の文の挿入を問う問題については、文脈をよく考えないといけません。「ゲーム以外のビジネスに乗り出した」といった内容なので、そういうビジネスの具体例が述べられている箇所を探すと、which will further expand their sales. とあります。したがって、(B) が正解です。

正解 (B)

訳 問題 42 〜 45 は次の記事に関するものです。

WDK Entertainment 社が親会社から独立

CORK（3月6日）——アイルランドの Cork に本拠を置く WDK Entertainment 社は、来月 WDK 社から独立する。このニュースは昨日、社長の Jonathan Moore 氏から発表された。氏は、会社名を Animoviee 社に変更することも付け加えた。

WDK 社はアメリカの大手電器会社で、ゲーム産業に注力するため、15年前に子会社として WDK Entertainment 社をアイルランドに設立した。しかし、人気の RPG テレビゲーム『想像の惑星』の世界的なヒット以降、優れたコンピュータ・グラフィック技術への注目が高まっている。

[彼らの事業は、もはやテレビゲーム制作にとどまっていない。] 現在、いくつかの映画を共同で制作していて、さらに売り上げを伸ばすことが予想される。

この会社の独特なところは、従業員が常に多様性に富んでいることである。『想像の惑星』の主な制作者は、ドイツ出身の Hilde Lang さん、インド出身の Wajid Verma さん、日本出身の Tommy Inoue さんだった。このゲームの成功以後、より多くの才能ある若者たちがこ

308

ぞって入社してきた。広報担当の Odetto Cartier さんによると、WDK 社から独立後は自由度が増し、よりいっそう国際色が豊かになるだろう、とのことである。

42. 主に何についての記事ですか。
 (A) 新しいテレビゲームの紹介
 (B) 最新映画の批評
 (C) 有名な CEO のインタビュー
 (D) 子会社の独立

43. Hilde Lang さんとは誰ですか。
 (A) 会社のトップ
 (B) 会社の広報担当
 (C) ゲームの制作者
 (D) 金融アナリスト

44. 新しい会社に関してどんなことが述べられていますか。
 (A) ゲーム会社とのみ仕事をする。
 (B) 世界中の優秀な人々をより多く魅きつける。
 (C) WDK 社に管理される。
 (D) 地元住民しか雇用しない。

45. [1]、[2]、[3]、[4] のうち、どれに以下のセンテンスは入りますか。

「彼らの事業は、もはやテレビゲーム制作にとどまっていない」

 (A) [1]
 (B) [2]
 (C) [3]
 (D) [4]

WORDS
- spin off from X（X から独立する）　□ parent company（名 親会社）
- be based in X（X を本拠地にしている）　□ establish（他動 設立する）
- subsidiary（名 子会社）　take note of X（X に気づく）
- no longer ~（もう~ない）　be limited to X（X に限られる）
- collaborate（自動 共同で取り組む）　□ uniqueness（名 独自性）
- diversity（名 多様性）　talented（形 才能のある）
- spokesperson（名 広報担当者）　gain freedom（自由を得る）
- break away from X（X から独立する）

46.

解説 講演者の名前が問われているので、スケジュール表を見ます。Business Trips Today の講演者は Raymond Kahn と書かれているので、正解は (D) です。これはすばやく確実に正解したい問題です。

正解 (D)

47.

解説 Norwood さんは講演者の１人。スケジュール表で肩書きと講演テーマを確認すると（A）、（D）の記述は当てはまるので正解ではないことがわかります。最初のメールを見ると、He was my academic advisor at Arizona University. と書かれているので、Madison さんと長年知り合いであったことが伺えます。正解は残りであり、また２つのメールの内容を把握していれば選択できるとも言えます。

正解 (C)

48.

解説 ２つ目のメールで Armstrong さんは I'd then like to participate in the seminar starting at 2:30. と述べています。スケジュール表で、2:30 で始まる講演を確認すると、部屋番号は 27J とわかります。

正解 (B)

49.

解説 設問文に According to the schedule とあるので、スケジュールを見ます。一番下の部分に注意書きがいくつかあります。内容を詳しく見ると、「予約は必要ない」とあるので、（A）は不正解とわかります。「主要なクレジットカードはすべて OK」とあるので、（B）も不正解。（C）の「講演中に退出すること」については記述がありません。注意書きに、「ごみは入口に用意されたごみ入れに捨てるように」と書かれているので、（D）が正解になります。

正解 (D)

50.

解説 語彙の問題です。listen to his view about our project とありますが、文脈から Norwood さんの意見を聞くことになるので、ここでの view は明らかに「考え」を意味します。

正解 (D)

訳 問題 46 ～ 50 は次のスケジュールと E メールに関するものです。

Dallas Tech Design セミナー予定表
２月７日　水曜日
Dallas Tower ビル

午前 9 時 30 分 － 11 時 30 分　　　部屋番号 27J
市場力学を理解する　　　　　　　　　　　　　　料金：25 ドル
講師：Edward Artinian（A&T Designs 社、CEO）

午後 1 時 15 分 － 2 時 15 分　　　部屋番号 27K
効果的なグラフィックアートとウェブサイトのレイアウト　　料金：15 ドル
講師：Adrean Painter（Nanoffice Software 社、常務取締役）

午後 1 時 15 分 － 2 時 15 分　　　部屋番号 27J
巧みなマーケティング戦略　　　　　　　　　　　料金：15 ドル
講師：Clarke Norwood 博士（アリゾナ大学経済学部教授）

午後 2 時 30 分 － 3 時 30 分　　　部屋番号 27J
社内でのデスクトップパブリッシング　　　　　　料金：15 ドル
講師：Darin Pinker（D&T Designs 社、常務取締役）

午後 3 時 － 4 時 30 分　　　　部屋番号 27G
今日における出張　　　　　　　　　　　　　　　料金：20 ドル
講師：Raymond Kahn（Book Travels 社、CEO）

* 予約は必要ありません。
* 主要なクレジットカードはすべてご利用いただけます。
* ごみは入口に用意されたごみ入れにお捨てください。ご協力よろしくお願いします。

宛先：Lucas Armstrong ＜ l_armstrong@graphtech.com ＞
送信者：Virginia Madison ＜ vmadison@gillsandlee.com ＞
日付：1 月 31 日
件名：ダラスでのセミナー

Lucas へ

あなたが the Dallas Tech Design Seminar に行くと聞いたわ。どのセッションに行くの。
もし、時間があるなら、今度のプロジェクトのことでダラスであなたと話したいのだけれど。
また、Norwood にも会って欲しいの。彼は Arizona 大学での私の指導教官だったの。彼は
グラフィックデザイナーじゃなくて、マーケティングの専門家だけど、私たちにいい意見を
聞かせてくれると思うの。

私は Norwood 教授のセミナーに行くつもり。セミナーが終わったら、あなたを教授に紹介
できるし、ちょっとの間話すことができると思う。それに、すべてのイベントが終わった後
で彼と夕食を外で食べることになっているけど，あなたも一緒にどう。このプランでうまく
いくか知らせてくれる。

敬具　Virginia

宛先：Virginia Madison ＜ vmadison@gillsandlee.com ＞
送信者：Lucas Armstrong ＜ l_armstrong@graphtech.com ＞
日付：2 月 1 日
件名：ダラスでのセミナー

やあ Virginia、

喜んで Norwood 教授に会って、僕らのプロジェクトに対しての彼の意見を伺いたい。でも残念なことに、彼のセミナーには行けないんだ——彼が発表している間、別のセミナーに行くから。彼が発表を終えたとき、挨拶をちょっとすることはできるけど、2:30 に始まる別のセミナーに行きたいんだ。教授との夕食会に参加してかまわない。その日にあった人と食事の席で仕事について話すのはあまり好きじゃないけど、多分これが残された唯一の選択肢だと思う。

46. 誰が、出張についての話をすると思われますか。
    (A) Edward Artinian
    (B) Adrean Painter
    (C) Darin Pinker
    (D) Raymond Kahn

47. Clarke Norwood さんについて示されていないことは何ですか。
    (A) マーケティング戦術に詳しい
    (B) Madison さんと長年の知り合いである
    (C) Armstrong と知り合いである
    (D) 現在大学で教えている

48. Armstrong さんは午後 3 時におそらくどこにいますか。
    (A) 27G
    (B) 27J
    (C) 27K
    (D) 32A

49. 予定表によると，セミナーで禁じられていることは何ですか。
    (A) 予約なしで出席すること
    (B) クレジットカードによる支払いをすること
    (C) 講演途中に部屋を離れること
    (D) 部屋にゴミを残しておくこと

50. 2 つ目のメールで第 1 段落 1 行目の単語 "view" に最も近い意味の単語は
    (A) 名「眺め、光景」
    (B) 名「外見」
    (C) 名「状況、位置」
    (D) 名「考え、見解」

WORDS ☐ market dynamics（名 市場力学）　☐ effective（形 効果的な）
☐ managing director（名 常務取締役）　☐ garbage（名 ごみ〔= trash〕）
☐ receptacle（名 容器）　☐ regarding（前 X に関して）　☐ upcoming（形 今度の）

［執筆者紹介］

石井 洋佑 （Yosuke Ishii）

University of Central Missouri で TESL（第二言語としての英語教授法）修士課程修了。専門は Pragmatics と Critical Thinking。英語教材執筆の傍ら、大学・企業・語学学校などで英語・資格試験対策を教える。著書に『TOEIC L&Rテスト800点攻略ルールブック』『英語スピーキングルールブック』『ネイティブなら小学生でも知っている会話の基本ルール』（テイエス企画）、『TOEIC LISTENING AND READING TEST おまかせ730点！』（アルク）、共著書に『英語ライティングルールブック』（テイエス企画）、『はじめての TOEIC L&R テスト きほんのきほん』（スリーエーネットワーク）、『「意味順」で学ぶ英会話』（日本能率協会マネジメントセンター）、『世界一効率的な大人のやり直し英語 意味順英会話』（秀和システム）、『Words for Production アウトプットのための基本語彙ワークブック』（東海大学出版部）がある。

英文校閲：Michael McDowell
編集：柳澤由佳
編集協力：徳永和博
装丁・本文デザイン：高橋明香（おかっぱ製作所）
DTP：株式会社鷗来堂
録音・編集：株式会社ルーキー
ナレーション：Edith Kayumi、Josh Keller、Marcus Pittman、Susan Tani

TOEIC® L&R テスト
600点攻略ルールブック 改訂版

発行日	：2017 年 3 月 20 日　第 1 版第 1 刷
	2020 年 2 月 28 日　改訂版第 1 刷

著　　者	：石井洋佑
発行者	：山内哲夫
企画・編集	：トフルゼミナール英語教育研究所
発行所	：テイエス企画株式会社
	〒 169-0075
	東京都新宿区高田馬場 1-30-5 千寿ビル 6F
	TEL (03) 3207-7590
	E-mail　books@tsnet.co.jp
	URL　https://www.tofl.jp/books
印刷・製本	：シナノ書籍印刷株式会社

©Yosuke Ishii, 2020
ISBN978-4-88784-245-8